グローバルビジネス英会話
Basic

田中宏昌　佐藤洋一　共著
Hiromasa Tanaka　Yoichi Sato

Part 1　同僚は外国人
Part 2　人と出会う
Part 3　上司や部下との会話
Part 4　社外の人たちとの会話

アルクの「グローバル英語」を構成する3要素

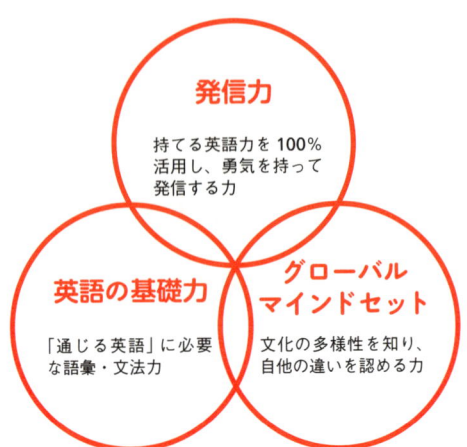

 「日本人がグローバルな環境でビジネスを実践するための英語」。それがアルクの目指す「グローバル英語」です。
 仕事相手と協力・信頼関係を築くためには、発信し続けなければなりません。今、日本のビジネスパーソンに必要なのは、文法の誤りがあってもいいから手持ちの英語の知識を使っていく勇気と、手持ちの知識を増やし続ける姿勢です。「発信力」「英語の基礎力」「グローバルマインドセット」を身につけグローバルなビジネスで活躍したいあなたを応援するため、アルクは「グローバル英語」シリーズを刊行します。

はじめに

「英語が苦手」という人の中には、「英語は勉強したけど、使いこなせる自信がない」という人もいれば、「昔から苦手でできるだけ避けてきた」また「いろいろ学習してきたけれど続かなかった」という人もいるかもしれません。

それでも、やはり英語は使わなくてはならない時代です。本書は、いままで信じられてきた3つの常識に挑戦して、英語を身につけるために書かれたものです。ここで私たちが疑問を投げ掛ける常識は次の3つです。

1. 「ビジネス英語でも一定以上の英語の知識は最重要」
2. 「ネイティブスピーカーのように話せることが目標」
3. 「正しく情報を伝えることがビジネス英語の唯一の目的」

本書では、「ビジネス英語でも一定以上の英語の知識は最重要」とは考えません。ビジネスの現場では、今持っている英語力を活用しながら仕事をし、仕事を通じて英語力を高めていく方法を身につけることが重要です。次に、「ネイティブスピーカーのように話せることが目標」とはしません。現在は非ネイティブスピーカーと仕事をする機会が急増し、ネイティブスピーカーの人たちもそれに対応しようと努力しています。つまり、お互いに理解できるレベルの英語を探りあっていくことが重要なのです。本書ではそのための、マインドセットと相互理解のためのアンテナを身につけることを目指します。最後に「正しく情報を伝えることがビジネス英語の唯一の目的」という設定はしません。ビジネスではまず良好な人間関係を構築することが重要です。ビジネスパートナーに信頼される人になることもビジネス英語の目的の一つと考えます。

CONTENTS　目次

はじめに　2
本書の使い方　6

Part 1　同僚は外国人　9
Unit 1　話しやすい相手になろう　10
Unit 2　聞き取れないときはどうする？　20
Unit 3　旧交を温める　30
Unit 4　雑談の輪に入ろう　40
Unit 5　電話の会話は怖くない　50

コラム　役職名の英語だけで地位を判断するなかれ　60

Part 2　人と出会う　61
Unit 1　自己紹介をしよう　62
Unit 2　相手とよい関係を保とう　72
Unit 3　スモールトークを活用しよう　82
Unit 4　ビジネスランチで親交を深めよう　92
Unit 5　職務権限を見極めよう　102

コラム　時代が変われば文化も変わる　112

Part 3　上司や部下との会話　　　113

Unit 1	気持ちのいい依頼をしよう	114
Unit 2	説明を求め、理由を述べよう	124
Unit 3	相手に配慮しつつ反論しよう	134
Unit 4	要点を明確にしよう	144
Unit 5	相手の立場に立って助言しよう	154

コラム　英語では直接的な言い方をすべきなのか　　164

Part 4　社外の人たちとの会話　　　165

Unit 1	英語でセールスをしよう	166
Unit 2	上司の交渉に同席しよう	176
Unit 3	意見の違いも明確に表そう	186
Unit 4	謝罪の際も説明責任を果たそう	196
Unit 5	上手に会議を終わらせよう	206

本書の狙いと使い方

　本書は、日本人がグローバルな環境でビジネスを実践するための英語を身につけるための教材です。グローバルなビジネスでは、英語を使って発信し、仕事仲間とは協力関係を、仕事相手とは信頼関係を作ることができ、その上で仕事の目的が達成される、ということが求められます。協力・信頼関係を築くためには文化の異なる相手を思いやる心構え、「グローバルマインドセット」が必要です。

　本書は、以下のような構成で、「発信力」「英語の知識」「グローバルマインドセット」が学習できるよう工夫されています。多様な状況を設定して「会話例」を示してありますが、「例」で扱う仕事の相手は、英語のネイティブスピーカーばかりではなく、非ネイティブスピーカーも登場します。日本人が英語を使って仕事をする場合、相手が英語の非ネイティブスピーカーである場合が増えているからです。

　本書は、4つのパートからなり、各パートは5つのユニットで構成されています。「パート」は自分の会社の内または外で出会う状況ごとに区切ってあります。「ユニット」の構成と狙いは以下のとおりです。

ユニットの狙い　1　グローバルマインドセット

日本語の文化・習慣をまったく変えず、日本語の発想で英語を使うと、仕事の相手に思わぬ誤解を招き兼ねません。コミュニケーションの際の留意点を簡便にまとめています。

ユニットの狙い　2　発信力

ここは、そのまま覚えて使える表現というよりも、英語表現の使い方の要点を示しています。仕事相手から信頼を得るために、グローバルマインドセットを踏まえた上で留意すべき点をまとめています。

これだけは覚えたい！このユニットのセンテンス　ベスト5

ひとつのユニットで対話例とその中の表現の応用例を学習しますが、この「ベスト5」では、とにかくこのまま覚えて使っていただきたい表現を厳選して提示しました。「ベスト5」がどこでどう使われるかを注意しながら後のページを学習していってください。

Q　下の赤い文字の部分はなぜまずいのでしょうか。　

「いい例」「まずい例」を対比して効率的に学習していただくために、最初に、相手に誤解や不信感を与え兼ねない「まずい例」を提示しています。日本語的発想で発信しがちであることを示すため、まず日本語で「会話」を示し、その対向ページにその英語版を載せています。ページ下方にある解説（Ⓐで示してあります）は「なぜまずいのか」に対する回答になっています。どんな所に日本人はつまずきやすいのか、確認してください。

下の赤い文字の部分はなぜ見習うべきなのでしょうか。

見開きページの「まずい例」と対照させて、ここで「いい例」を提示します。前の解説を踏まえ、相手のことを配慮し、日本語的発想で誤解を招かないように留意していただくためにまず英語で「会話例」を示し、次にその日本語訳を掲載しています。ページ下方にある解説（Ⓐで示してあります）で、なぜこれが「いい例」になるのか、英語表現とともに確認してください。ここの英語はぜひ身に付け、実際に使っていただきたいので、音声をCDに収録してあります。

実践練習

各ユニットで示した「グローバルマインドセット」と「発信力」に沿って、ここでは他の表現例を挙げています。相手との関係を考慮しつつ使える表現を増やしてください。

書き込み式　ビジネス英語のビート板

各ユニットで学んだことを復習します。実際に書きこむ作業を通して記憶の定着を図ります。まずは薄く印刷されたヒントをもとに書き込み、次に、今の自分だったらどんな表現を使うか、書き出してみましょう。

◎ TR 01

音声がCDに収録されている場合には、左上のマークが該当ページに掲載されています。数字はCDのトラック番号を示します。「これだけは覚えたい！　このユニットのセンテンスベスト5」「いい会話例」「実践練習」の3カ所の英語がCD音声に対応しています。

まず「いい会話例」の部分は、1度そのまま流して聞いてください。次に、日本人の発言部分だけを無音にした形で会話が流れるので、そこに覚えた表現を声に出して挿入する「ロールプレイ」形式で練習してください。「ベスト5」と「実践練習」では、英文のあとにポーズを設けてありますので、声に出してリピートしてください。聞き取った英語を、スピード、イントネーションまで声に出して真似ることが大切です。自分の声を聞くことで記憶が定着しやすくなります。

- 弊社制作の音声CDは、CDプレーヤーでの再生を保証する規格品です。
- パソコンでご使用になる場合、CD-ROMドライブとの相性により、ディスクを再生できない場合がございます。ご了承ください。
- パソコンでタイトル・トラック情報を表示させたい場合は、iTunesをご利用ください。iTunesでは、弊社がCDのタイトル・トラック情報を登録しているGracenote社のCDDB（データベース）からインターネットを介してトラック情報を取得することができます。
- CDとして正常に音声が再生できるディスクからパソコンやmp3プレーヤー等への取り込み時にトラブルが生じた際は、まず、そのアプリケーション（ソフト）、プレーヤーの製作元へご相談ください。

英語のテストと「英語を使ってできること」

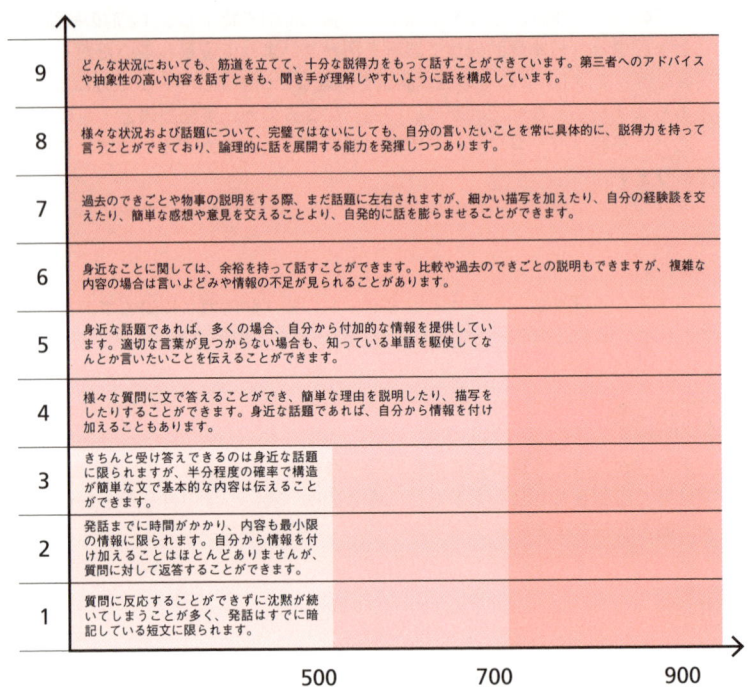

　上のグラフは、(株)アルクが開発した英語のスピーキングテスト TSST のレベルとその概要、さらにアルクが調べた TSST 受験者の TOEIC®テストスコアとの関係を表しています。レベルやスコアが上がるに従い、「英語でできること」が増えていくのがわかります。

　TSST 1〜3 レベルは、覚えたことをそのまま繰り返すことが多いのですが、レベル 4、5 になると覚えたままでなく自分なりの文を作って話せます。レベル 6 以上では、ある程度まとまりのある内容を一定時間話し続けることができます。

　本「グローバルビジネス英会話」シリーズは、「英語の非ネイティブスピーカーとしてできること」を増やしていくことを目指します。英語や異文化の「知識」を増やしつつ、「手持ちの知識を使ってできること」を拡大し、仕事で英語が使えるようにしていきましょう。

Part 1
同僚は外国人

Part 1　同僚は外国人

Unit 1　話しやすい相手になろう

ユニットの狙い　1　グローバルマインドセット

" 相づちを打って共感を示そう "

あなたが理解していないのではと、相手を不安にさせてはいけない。短い相づちを適切にはさむことで、相手を安心させて、話しやすくしてあげよう。

ユニットの狙い　2　発信力

" 相づちのワンパターン化を避ける "

Yesだけでなくいろいろな相づちを使い分け、ワンパターン化を避けよう。

Yes ... Yes ... Yes ...
（ええ……）

　　　　Uh-huh.（ふ〜ん）

　　　　Yeah.（そうだね）

　　　　I see.（なるほど）

　　　　Oh, did/do/will you?（そうなの？）

これだけは覚えたい！このユニットのセンテンス ベスト5　　TR 02

このユニットで扱う表現で、ぜひ覚えておきたい表現は以下のとおり。このまま使えるよう CD の音声の後に、声に出して繰り返してみよう。

1　短い相づちを打つ

- **Uh-huh.**
  （ふ〜ん）

- **Yeah.**
  （そうだね）

2　発言の一部を繰り返す

- **Oh, did you?**
  （そうだったの）

3　共感と関心を示す

- **You've had a lot of work.**
  （仕事をいっぱい抱えているもんね）

- **How come you don't sleep on trains?**
  （どうして、電車では眠らないの）

英語での対話は、話し手側も不安なもの

Q 下の赤い文字の部分はなぜまずいのでしょうか。

真琴が、昼食後に職場で携帯を見ていると、同じ部署のフィリピン人エンジニアのアモール・サントスと ライアン・ガルシアに話し掛けられた。

アモール：真琴、弟が来週会いに来るんだけど。

真琴：（真剣に聞いている）

アモール：歴史的な所に行ってみたいらしいの。

真琴：うん……。

ライアン：アモール、週末に連れて行きたいんだろ。

アモール：そう、日帰りの旅行がいいのだけど。

ライアン：なるほど、じゃあ、あんまり遠くない所だね。鎌倉なんかどう？ここからなら2時間はかからないと思うけど。

真琴：う、うん。

アモール：そうすると、真琴、鎌倉がいちばんいいかしら。

真琴：あ、そうだね。

相手の話に反応することを忘れてしまっていることが問題。

　英語を聞くのが苦手と感じている人たちは、不安のあまり、相手の言っていることを聞き逃すまいとして、聞き取りだけに集中してしまいがちだ。結果として、相手の話に反応できず、「自分の話は伝わっているのだろうか」と相手を不安にさせてしまう。そうなると、相手はわかってもらおうとして、話すスピードを速め、多く話し続けることにもなる。相づちがうまくできない人は、次の3つの種類の相づちを使い分ける努力をしてみよう。

Part 1 同僚は外国人 >>> Unit 1 話しやすい相手になろう

> **異文化対応ポイント**
> 1. 相づちを打って共感を示そう
> 2. 相づちのワンパターン化を避ける

英語ではこんな表現を使っています！

Amor: Makoto, my brother's coming to see me next week.
Makoto:（真剣に聞いている）
Amor: He wants to go somewhere historical.
Makoto: Yes ...
Ryan: Amor, you want to take him there on the weekend, right?
Amor: Yeah. We want to make it a day trip.
Ryan: OK, somewhere not too far. How about visiting Kamakura? I think it takes less than two hours from here.
Makoto: Uh-huh.
Amor: So, Makoto, do you think Kamakura is a good choice?
Makoto: Uh, yeah.

　1つ目は「短い相づち」だ。Uh-huh.（そうなの）、Yeah.（うん）、I see.（なるほど）などが相当する。2つ目は「繰り返し」だ。たとえば、I went to a nice French restaurant.（おいしいフランス料理店に行ったんだ）と言われたら、Oh, a French restaurant.（へえ、フランス料理店ね）のように使う。3つ目は「助動詞を使った短い返答」だ。たとえば、前の例と同じことを言われたら、Oh, did you?（へえ、フランス料理店に行ったの？）のように、受ける方法だ。

上級者の相づちテクニックを盗もう

 下の赤い文字の部分はなぜ見習うべきなのでしょうか。 TR 03/04

Amor: Makoto, my brother's coming to see me next week.

Makoto: Uh-huh.

Ryan: You must be happy.

Amor: I really am. It's his first visit to Japan. He wants to go somewhere historical.

Makoto: Somewhere historical.

Ryan: Amor, you want to take him there on the weekend, right?

Amor: Yeah. We want to make it a day trip.

Makoto: I see. So, somewhere fairly near here then.

Ryan: How about visiting Kamakura? It takes less than two hours from here.

Makoto: Yes. It's not too far.

Amor: So, Makoto, do you think Kamakura is a good choice?

Makoto: Yes. I do. It's a nice place. You can see a great statue of Buddha there.

　真琴の例は、意識して相づちを使っている好例だ。相づちを積極的にはさんだことで、自分も会話に参加しているのだという印象をその場の全員に与えている。その結果、会話の場での緊張感が緩和され、「英語が通じていないのではないか」という相手の不安が取り除かれ、会話の速度も速くならずに済んでいる。

　ライアンの例は上級者の相づちのお手本と言える。ライアンはアモールの発言に対して、相手が言っていること、感じているであろうことを言い換え

Part 1 同僚は外国人 >>> Unit 1 話しやすい相手になろう

異文化対応ポイント
1 相づちを打って共感を示そう
2 相づちのワンパターン化を避ける

日本語訳はこうなります！

アモール：真琴、弟が来週会いに来るんだけど。
真琴：**うんうん。**
ライアン：**そりゃうれしいね。**
アモール：そう。日本に初めて来るの。歴史的な所に行きたいらしいんだ。
真琴：**歴史的な所だね。**
ライアン：**アモール、週末に弟を連れて行きたいんだよね。**
アモール：そう、日帰りがいいわ。
真琴：**なるほど、そうすると近場になるね。**
ライアン：鎌倉はどうだろう。ここから2時間以内で行けるよ。
真琴：**うん、そんなに遠くないね。**
アモール：そうすると真琴、鎌倉がいいかな。
真琴：そう思うよ。いい所だよ。大仏を見ることができるよ。

注 a great statue of Buddha: 大仏

て口に出しているのだ。You must be happy.（そりゃうれしいね）、Amor, you want to take him there on the weekend, right?（アモール、週末に弟を連れて行きたいんだよね）のように、アモールはまさに自分の感じていることをライアンに口にしてもらって、気持ちよく話せている。このような話し方は、積極的傾聴法と呼ばれる話し方に含まれる。営業トークなどでも有効に活用できるはずだ。

実践練習 ◎ TR 05

次の外国人同僚の発言に対して、相づちを打つ練習をしてみよう。CDの音声には赤字部分の後に短いポーズが入っているので、タイミングよく、相づちを入れていこう。

🗨 マークの部分は最後の練習問題でもう一度復習しよう。

1 短い相づちを打つ

Ryan: Last night, I left the office quite late.
You: Uh-huh.

ライアン：夕べは遅くに会社を出たんだ。
あなた：うんうん。

Ryan: I fell asleep on the subway, on the Marunouchi line.
🗨 **You: Really?**　　　　　　　　　　　　　≫ビート板①

ライアン：地下鉄丸ノ内線で眠っちゃったんだよ。
あなた：本当？

Ryan: I think I must have been really tired because I never usually sleep on trains.
You: I see.

ライアン：めったに電車で寝ることはないから疲れてたんだろうね。
あなた：わかるわ。

まずは短い相づちを使う練習から。短い相づちはほかに、Yes.、Yeah.、OK. などがある。適切なものを選んで、複数の相づちを使い分けよう。

Part 1 同僚は外国人 ≫ Unit 1 話しやすい相手になろう

2 発言の一部を繰り返す

Ryan: Last night, I left the office quite late.
You: Uh-huh, it was late.
ライアン：夕べは遅くに会社を出たんだ。
あなた：うんうん、遅かったんだ。

You: Oh, you left the office late, didn't you?
あなた：会社を遅く出たのね。

Ryan: I fell asleep on the subway, on the Marunouchi line.
You: Oh, did you? ≫ビート板②
ライアン：地下鉄丸ノ内線で眠っちゃったんだよ。
あなた：へ～え、眠っちゃったんだ。

短い相づちだけでは、あなたがほんとうに理解しているかどうか相手に伝わらないことも多い。そこで相手の発言の一部を繰り返すことで、しっかり聞いているということを伝えよう。できれば、相手の発話の中心となる言葉を繰り返すと効果的だ。繰り返しと短い相づちを混ぜると、自然な感じになる。相づちと相手の発言が重なっても問題ない。気にせず相づちを打とう。

3 共感と関心を示す

Ryan: I think I must have been really tired because I never usually sleep on trains.
You: You've had a lot of work.

ライアン：めったに電車で寝ることはないから疲れてたんだろうね。
あなた：そうだね。仕事をいっぱい抱えているものね。

🍃 **You:** I know. You're always in the office until late.

あなた：知ってるわ。いつも会社に遅くまでいるわよね。　　　≫ビート板③

You: How come you don't sleep on trains?

あなた：どうして電車では眠らないの。

上の最初の2つは共感を示す例、3つ目が関心を示す例だ。また、たとえば、自分も電車の中で居眠りをし、降りる駅の直前で目を覚ますことができたと言っている相手には、次のような相づちを打てる。

▶ Great! Now you can do it.
　（すばらしい、できるようになったんだ）

▶ How did you learn to do it?
　（どうやって学んだの）

Part 1 同僚は外国人 >>> Unit 1 話しやすい相手になろう

書き込み式　ビジネス英語のビート板

この Unit で学んだことは、いわば水泳のビート板。ほんの少しだけビート板に頼りつつも、自分の力でビジネス英語の海を泳いでみよう。まず、本書で覚えた表現を下線部に書き入れて、記憶を定着させよう。それができるようになったら、自分ならどう言うか、本文を参考にして、自分なりの表現を書き出してみるとよいだろう。

ビート板 ① 短い相づちを打つ

Ryan: I fell asleep on the subway, on the Marunouchi line.

あなた：本当？

ビート板 ② 発言の一部を繰り返す

Ryan: I fell asleep on the subway, on the Marunouchi line.

あなた：へ〜え、眠っちゃったんだ。

ビート板 ③ 共感と関心を示す

Ryan: I think I must have been really tired because I never usually sleep on trains.

あなた：知ってるわ。いつも会社に遅くまでいるわよね。

19

Part 1　同僚は外国人

Unit 2　聞き取れないときはどうする？

ユニットの狙い　1　グローバルマインドセット

〝 どこがわからないのかを明確にする 〟

相手の話が「わからない」といっても、多くの場合、一部だけでも聞き取れているはずである。まずはどこがわからないのかを明確にしよう。

ユニットの狙い　2　発信力

〝 聞き返しの表現を使い分ける 〟

「まったく聞き取れない」という表現ばかりを使わないようにしよう。

Kate: Deregulation is the issue.
（規制撤廃が問題です）

You: Can you say it again?
（もう一度言ってもらえますか）

一部だけでも聞き取れた場合：
What is the issue?
（何が問題なのですか）

話の筋道が分からなくなった場合：
I'm a little confused. Why deregulation?
（ちょっと混乱しています。なぜ規制撤廃なのですか）

Part 1 同僚は外国人 》》Unit 2 聞き取れないときはどうする？

これだけは覚えたい！このユニットのセンテンス ベスト5　TR 06

このユニットで扱う表現で、ぜひ覚えておきたい表現は以下のとおり。このまま使えるよう CD の音声の後に、声に出して繰り返してみよう。

1 相手の発言の文全体の繰り返しを求める

- **I beg your pardon?**
  （すみませんがもう一度お願いします）

2 わからない部分だけを尋ねる

- **Excuse me. Anything what?**
  （すみません。どんな何か、ですか）

- **I'm sorry, but what do you mean by "deregulation"?**
  （すみませんが、deregulation とはどういう意味ですか）

3 会話の内容に少し踏み込んで確認する

- **I'm a little bit confused. What do you mean by that?**
  （少し混乱してしまいました。それをどういう意味でおっしゃったのでしょうか）

- **Could you elaborate on that a bit?**
  （もう少し具体的にお願いできますか）

何が「わからない」のかを相手に伝える

> **Q** 下の赤い文字の部分はなぜまずいのでしょうか。

ケイト：今日の研修は有益だったわね。

真琴：え、何？

ケイト：今日の研修はよかったって言ったんだ。新しい技術についてたくさん学べたし。

真琴：ああ、新しい技術。うん。

ケイト：環境破壊に関してはどう思う？

真琴：ごめん、もう一度言ってくれる？

ケイト：環境破壊に関してどう思う？　言ってることわかるかしら。技術そのものはとても進んだものだけど、工場周辺の水を汚染する可能性はないかってことなの。

真琴：……？

ケイト：わかった、気にしないで。ガールフレンドは元気？

A

　まったく聞き取れないときに使う表現で聞き返してばかりいると、相手は会話例の最後のように、その話題をあきらめてしまう。

　多くの場合は一部だけでも聞き取れているはずである。会話例の中でケイトは What do you think about the environmental disruption? と尋ねている。真琴が一言も聞き取れなければ Can you say that again? と聞き直せばいいのだが、会話例のように同じセンテンスを繰り返されるだけだろう。もし、真琴がこのケイトの発言の中で disruption という単語だけがわからないのな

Part 1 同僚は外国人 >>> Unit 2 聞き取れないときはどうする？

異文化対応ポイント

1. どこがわからないのかを明確にする
2. 聞き返しの表現を使い分ける

英語ではこんな表現を使っています！

Kate: Today's training was very informative.

Makoto: I beg your pardon?

Kate: I said today's training was very good. We learned a lot about our new technology.

Makoto: Ah. Our new technology. Yeah.

Kate: What do you think about the environmental disruption?

Makoto: Sorry. Can you say that again?

Kate: What do you think about the environmental disruption? Do you see what I mean? The technology itself is very advanced, but I wonder whether it might not contaminate the water around the factory.

Makoto: ...?

Kate: OK. Never mind. ... How's your girlfriend?

注　informative: 有益な、参考になる　environmental disruption: 環境破壊

ら、次のような表現を使うほうがいい。Environmental what?（環境の何？）。この形で聞き返せば、ケイトは真琴がまったく聞き取れないのではなく、単語が1語わからないだけだと思うだろう。会話例のように、この話題をあきらめてしまうという結果にはならないはずだ。

　ネイティブスピーカー同士でも、聞き取れない表現や、知らない単語が表れれば、会話は途中で壊れる。大切なのは会話が壊れないようにするのではなく、壊れた会話をどうやって直すかなのだ。

聞き返しの表現を使い分ける

 下の赤い文字の部分は**なぜ見習うべきなのでしょうか。** TR 07/08

Kate: Today's training was very informative.

Makoto: Informative?

Kate: I mean the training provided a lot of information on new technology.

Makoto: Ah. I got it. Our new technology. Yeah.

Kate: What do you think about the environmental disruption?

Makoto: Environmental ... what?

Kate: Environmental disruption. You know, like pollution.

Makoto: Sorry. I'm not following you. The training wasn't on pollution.

Kate: I mean the effect of the technology on the natural environment. Do you see what I mean? The technology itself is very advanced. But I wonder whether it might not contaminate the water around the factory.

Makoto: That's interesting. Can you elaborate on that a bit?

　聞き返しのしかたをいくつか使い分けている点がよい。そのために、ケイトはこの話題に関しての真琴との会話を楽しんでいる。

　真琴は、会話の後半で、すこし上級なテクニックを使っている。まず、新しい技術に関しての研修であったはずなのに、ケイトは環境の話をしている。この2つの話題が結びつかないことを、Sorry. I'm not following you. The training was not on pollution. と言っている。この言い方が思いつかなければ、I'm a little confused.（ちょっと混乱している）／Sorry it doesn't make

Part 1 同僚は外国人 ≫ Unit 2 聞き取れないときはどうする？

異文化対応ポイント
1. どこがわからないのかを明確にする
2. 聞き返しの表現を使い分ける

日本語訳はこうなります！

ケイト：今日の研修はとても informative だったわね。

真琴：Informative って？

ケイト：研修で新技術の情報をたくさん得られたということよ。

真琴：なるほどわかった。新しい技術だね。そうだね。

ケイト：環境破壊に関してはどう思う。

真琴：環境の……何？

ケイト：環境破壊よ。わかるでしょ。汚染みたいな。

真琴：ごめん、話についていってないよ。研修は汚染についてじゃなかったし。

ケイト：言いたいのは自然環境に対するこの技術の影響よ。わかるでしょ。技術そのものは進んだものよ。でも工場周辺の水を汚染しないかしら。

真琴：おもしろいね。もうすこし詳しく説明してくれる？

注　effect: 影響　natural environment: 自然環境　pollution: 汚染　contaminate: 汚染する

sense to me.（ごめん、僕には意味がわからないよ）とも言える。ただしこれは、場合によっては、「わけがわからない」と攻撃的に聞こえる表現なので、sorry や a little を入れて、ニュアンスを和らげるほうがいいだろう。

　最後のほうに出てくる、Can you elaborate on that a bit? も優れた聞き返しだ。大体内容がわかっていても、もう一度説明してもらうことによって「話に自分が興味をもっていることを示す」「気の利いたコメントを考える時間を稼ぐ」という２つの効果が期待できるからだ。

実践練習

TR 09

外国人同僚との会話ですぐに使える、聞き返す表現の練習をしてみよう。CDの音声には赤字部分の後に短いポーズあるので、後について、リピートしてほしい。

🗨 マークの部分は最後の練習問題でもう一度復習しよう。

1 相手の発言の文全体の繰り返しを求める

Excuse me, but I couldn't understand what you just said. Could you repeat it?

すみませんが、今おっしゃったことが理解できませんでした。繰り返していただけますか。

🗨 **I beg your pardon?** 　　　　　　　　　　　　　》》ビート板①

すみませんが、もう一度おっしゃっていただけますか。

2 わからない部分だけを尋ねる──部分的な繰り返し

Janet: Does this number indicate anything particular?
You: **Excuse me. Anything what?**

ジャネット：この数字は何か特別なことを示唆しているのですか。
あなた：すみません。「何か」の次は、何とおっしゃいましたか。

命令口調ではなく、相手の気持ちに配慮した丁寧な表現を心がけることが大切だ。ある程度のリスニング力が必要だが、聞き取れなかった一部だけを疑問詞に置き換えて、繰り返しを求める表現は、相手に与える負担が少ない。

3 わからない部分だけを尋ねる──表現の確認

I'm sorry, but what do you mean by "environmental disruption"?

>>>ビート板②

すみませんが、environmental disruption とはどういう意味ですか。

What is the meaning of "disruption"?

disruption の意味は何ですか。

What does "disruption" refer to?

disruption という語は何を示しているのですか。

> 相手の言っていることは音としては聞き取れているが、単語や熟語そのものの意味がわからないという場合も多いだろう。そんなとき、便利なのがこういった表現だ。わからなかった語の意味を直接尋ね、別の言葉で言い換えるように依頼することができる。refer to ... は「……について述べる／触れる」という意味。

4 会話の内容に少し踏み込んで確認する

I'm a little bit confused. What do you mean by that?
少し混乱してしまいました。それをどういう意味でおっしゃったのでしょうか。

🗨 Could you elaborate on that a bit? 　　　　≫ビート板③
もう少し具体的にお願いできますか。

So, you mean ...?
では、あなたのおっしゃりたいことは……ですか。

文全体を聞き取れてはいるが、今ひとつ大意がわからない場合に役に立つのがこれらの表現だ。相手の発言に対して、遠回しに言い直しを求めたり、会話の内容を膨らませて大意をつかみたい際に使える。ただし、高度な会話の力が必要であり、むやみに多用することは避けるのが無難だ。使う際は、語尾を長めに発音するとよい。

書き込み式　ビジネス英語のビート板

この Unit で学んだことは、いわば水泳のビート板。ほんの少しだけビート板に頼りつつも、自分の力でビジネス英語の海を泳いでみよう。まず、本書で覚えた表現を下線部に書き入れて、記憶を定着させよう。それができるようになったら、自分ならどう言うか、本文を参考にして、自分なりの表現を書き出してみるとよいだろう。

ビート板 ① 文全体の繰り返しを求める

すみませんが、もう一度おっしゃっていただけますか。

ビート板 ② わからない部分だけを尋ねる

すみませんが、environmental disruption とはどういう意味ですか。

ビート板 ③ 会話の内容に少し踏み込んで確認する

もう少し具体的にお願いできますか。

Part 1 同僚は外国人

旧交を温める

ユニットの狙い 1　グローバルマインドセット

" きちんと言葉に表して相手に関心を示す "

比較的立場の高い人と会うときは特に、相手に関心をもっていると伝えることが、敬意を表すことにつながる。

ユニットの狙い 2　発信力

" 失礼にならないよう親しみを込める "

どんなに親しくても、相手の外見の話題は避けたほうがいい。

I think you've gained weight.
（太ったみたいね）

How are things going with you?
（いかがですか）

Your long legs make you attractive to girls.
（あなたの長い脚は女の子に人気だから）

Your name's often come up in our conversation.
（私たちの会話の中でもよくあなたの名前が出るんですよ）

Part 1　同僚は外国人　≫≫　Unit 3　旧交を温める

これだけは覚えたい！このユニットのセンテンス　ベスト5　　TR 10

このユニットで扱う表現で、ぜひ覚えておきたい表現は以下のとおり。このまま使えるよう CD の音声の後に、声に出して繰り返してみよう。

1 相手への関心を示す

- **How's everything?**
（諸々、いかがですか）

2 相手の労をねぎらう

- **You must be very tired after the long journey.**
（長旅でさぞお疲れのことでしょう）

3 相手との再会を喜ぶ

- **I've been looking forward to meeting you again.**
（あなたと再会できる日をずっと楽しみにしていました）

4 出会いを喜ぶ

- **I'm very glad to meet you.**
（お会いできてうれしく思います）

5 旧交を温める

- **Mr. Simmons, it's been a long time since our last e-mail exchange.**
（シモンズさん、最後にメール交換をしたときからずいぶん時間が経ってしまいましたね）

31

相手の外見の話は避けよう

Q 下の赤い文字の部分はなぜまずいのでしょうか。

上司と一緒にやってきたスティーブが、雅子に話し掛ける。

スティーブ：やあ、雅子。本当に久し振りだね。

雅子：本当ね。どうしていた？

スティーブ：ずっと元気だよ。日本に戻って来られてうれしいよ。

雅子：太ったみたいね。

スティーブ：わかってるよ。ジャンクフードやめないとね。

雅子：気にしないで。あなたの長い脚は女の子に人気だから。

スティーブ：さて、僕の上司を紹介させてくれる。ダン・グロスマンだよ。

ダン：やあ、雅子、スティーブが、君のことたくさん話してくれたよ。

雅子：お目にかかれてうれしいです。スティーブ、ボストンの生活ぶりを話してよ。

A

　仕事とは直接関係のない外見のことを話題にするのはNGだ。スティーブに対して体重のことを言っているが、気にしている人にとっては、冗談では済まされない。またこちらが好意で、足が長い、背が高い、と褒めたつもりでいても、言われたほうが自分のその身体的な特徴を気に入っているかどうかはまったく別である。女性に対して可愛いとか美しいというのも、ビジネス上ではあまりよい話題ではないことを知っておこう。

　会話の中でスティーブは上司のダンを紹介している。雅子はスティーブと

Part 1 同僚は外国人 》》 Unit 3 旧交を温める

異文化対応ポイント
1 きちんと言葉に表して相手に関心を示す
2 失礼にならないよう親しみを込める

英語ではこんな表現を使っています！

Steve: Hi. There. Masako. It sure has been a while, hasn't it?
Masako: Yes. How've you been?
Steve: Pretty good. I'm happy to be back in Japan.
Masako: I think you've put on weight.
Steve: Yeah, I need to stay away from junk food.
Masako: Never mind. Your long legs make you attractive to girls.
Steve: Well, let me introduce my supervisor. Dan Grosman.
Dan: Hello, Masako. Steve's told me a lot about you.
Masako: It's a pleasure to meet you. Steve, tell me about life in Boston.

注 put on weight: 体重が増える、太る　stay away from ...: 〜に近寄らない

の再会の話をしたいので、あまりダンには関心を示していない。スティーブとしては上司に対して少しは気を使ってほしいと思っているはずである。同じ企業にいる人であれば、もしかしたらその人のことを聞いている可能性もあるはずだ。I've been hearing about you. You've done a remarkable job. (あなたのことは、よく耳にしますよ。すばらしい仕事をしたそうですね) などと相手の仕事ぶりを知っていることを示すのは、最高の敬意の示し方であると言える。

関心を示すことで敬意を表す

Q 下の赤い文字の部分はなぜ見習うべきなのでしょうか。　◎ TR 11/12

Steve: Hi, there, Masako. It sure has been a while, hasn't it?

Masako: Yes, it has, Steve. How've you been?

Steve: Pretty good. I'm happy to be back in Japan.

Masako: It's nice to be doing business with you again.

Steve: The pleasure's all mine, Masako. Oh before I forget, allow me to introduce you to Dan, my supervisor. He's managing the project.

Dan: Hello. Dan Grosman. Steve's told me a lot about you.

Masako: Only good things I hope. I've seen your name several times on the corporate webpage. You were project manager in our Saudi Arabian business, weren't you?

Dan: That's right. It was a tough project.

Masako: But I heard it was very successful.

A

　雅子がダンに対して関心を示している点を見習いたい。誰でも自分のことを知っていてくれたら悪い気はしない。比較的立場の高い人と会うときは、事前にある程度相手のことを調べておくと会話も弾むはずだ。

　英語には、日本語の敬語にあたるものはない。そのために相手に対する敬意は異なる形で示さなくてはならない。日本語では、上位の人には、こちらからはあまり話し掛けずに、相手から話し掛けてもらうのを待つことが控えめな好印象を与えることがある。

Part 1 同僚は外国人 ≫ Unit 3 旧交を温める

異文化対応ポイント
1. きちんと言葉に表して相手に関心を示す
2. 失礼にならないよう親しみを込める

日本語訳はこうなります！

スティーブ：やあ、雅子。本当に久し振りだね。

雅子：本当。どうしていたの？

スティーブ：ずっと元気だよ。日本に戻って来られてうれしいよ。

雅子：また仕事が一緒にできるのはうれしいわね。

スティーブ：僕もうれしいよ、雅子。そうだ、忘れる前に、上司のダンを紹介させてくれるかな。彼がプロジェクトの責任者だよ。

ダン：やあ。ダン・グロスマンです。スティーブからいろいろ聞いてます。

雅子：良いことだけだといいですけど。お名前は会社のウェブページで何度か拝見しましたよ。サウジアラビアの仕事での責任者だったんですね。

ダン：そのとおり。タフなプロジェクトだったよ。

雅子：でも大成功だったと伺いました。

注 the pleasure's all mine: 初対面の喜びを伝えるあいさつのお返しの表現　allow me to ...:「～をさせてください」。丁寧な許可の求め方　corporate webpage: 会社のホームページ

　一方、英語の会話では、敬意を表して距離を置くよりも、むしろ相手に対する関心を示し、親しみを持って近づくよう意識するといいだろう。たとえば、How did you feel when you were nominated for the President Award?（社長賞の候補になったときはどんな気持ちでしたか）などと、相手の過去の業績を知ってればそれを伝えたり、Please have a seat, Dan.（どうぞ座ってください、ダン）のように名前を呼び掛けるようにしてみよう。

実践練習 ◎ TR 13

再開した外国人の同僚と旧交を温める練習をしてみよう。CDの音声には赤字部分の後に短いポーズが入っているので、同じように口に出して繰り返してみよう。マークの部分は最後の練習問題でもう一度復習しよう。

1 相手への関心を示す

How are things going with you?
いかがですか。

How's everything?
諸々、いかがですか。

What have you been up to?　≫ビート板①
いまは何に取り組んでいますか。

Is everything going well?
すべて順調に進んでいますか。

会話をスムーズに続けたいのであれば、まずは相手との人間関係をしっかり築くことが大切。そのひとつの方法が、相手への関心を示すためのこれらのフレーズだ。常に同じ表現を使っていると会話が単調に聞こえてしまうこともあるので、同じ機能を持つ異なる表現をいくつか用意しておこう。

2 相手の労をねぎらう

You must be very tired after the long journey.
長旅でさぞお疲れのことでしょう。

3 相手との再会を喜ぶ

I've been looking forward to meeting you again.
あなたと再会できる日をずっと楽しみにしていました。

I'm very pleased to be working with you again.
また、あなたと仕事ができることをうれしく思います。　　　>>>ビート板②

> 海外からの訪問客は、飛行機での長旅の後で疲れている場合が多い。このような相手に対して、長旅の労をねぎらうと、自分のことを配慮してくれる丁寧な人だと思ってもらえる。ただし、日本語の「お疲れ様」の感覚で You look tired.（疲れているように見えます）と言ってしまうと、言い方によっては相手は不快に受け止めてしまう場合もあるので、注意しよう。

4 出会いを喜ぶ

Nice to meet you.
はじめまして。

I'm very glad to meet you.
お会いできてうれしく思います。

5 旧交を温める

It's been a long time since our last e-mail exchange.
最後にメール交換をしたときからずいぶん時間が経ってしまいましたね。 　　　ビート板③

> 前に会ったときから、やり取りのない空白の期間があると、こちらはさほど気にしていなくても、相手が気にしていることもあるだろう。そのことで、不要な混乱を招かないよう、こういった表現を活用しよう。相手には自分のことをしっかり覚えていてくれているという印象がよく伝わるだろう。
> since our last の後を chat（お話）、meeting（ミーティング）などの言葉に置き換えて使うこともできる。

Part 1 同僚は外国人 >>> Unit 3 旧交を温める

書き込み式　ビジネス英語のビート板

この Unit で学んだことは、いわば水泳のビート板。ほんの少しだけビート板に頼りつつも、自分の力でビジネス英語の海を泳いでみよう。まず、本書で覚えた表現を下線部に書き入れて、記憶を定着させよう。それができるようになったら、自分ならどう言うか、本文を参考にして、自分なりの表現を書き出してみるとよいだろう。

ビート板 ① 相手への関心を示す

いまは何に取り組んでいますか。

ビート板 ② 相手との再会を喜ぶ

また、あなたと仕事ができることをうれしく思います。

ビート板 ③ 旧交を温める

最後にメール交換をしたときからずいぶん時間が経ってしまいましたね。

Part 1　同僚は外国人

Unit 4　雑談の輪に入ろう

ユニットの狙い　1　グローバルマインドセット

" **目を合わせ相手の注意を引く** "

相手から話し掛けられるまで待っているのではなく、積極的に自分から話し掛けていきたい。そのためには積極的にアイコンタクトをしよう。

ユニットの狙い　2　発信力

" **シンプルな表現で話し掛ける** "

会話を広げるには、シンプルな質問で十分。それらを使いこなそう。

〈視線を合わせない〉

好印象▶　〈視線を合わせて〉
Hello.
（こんにちは）

〈すぐに視線をそらす〉

好印象▶　〈すかさず〉
How're you doing?
（調子はいかがですか）

Part 1 同僚は外国人 >>> Unit 4 雑談の輪に入ろう

これだけは覚えたい！このユニットのセンテンス ベスト5　TR 14

このユニットで扱う表現で、ぜひ覚えておきたい表現は以下のとおり。このまま使えるようCDの音声の後に、声に出して繰り返してみよう。

1 自己紹介をする

- **I'm Hiroko.**
  （博子です）

2 過去の出会いに触れる

- **We've met before, right?**
  （以前お会いしましたよね）

- **Your face looks familiar.**
  （お顔をどこかで見たことがあります）

- **You may or may not remember me, but we met in the meeting last month.**
  （私のことを覚えてもらえているかどうかはわからないのですが、先月の会議でお会いしましたね？）

3 シンプルな質問をする

- **Have you been there?**
  （あちらへは行ったことがありますか）

話し掛けられやすいオーラを出す

> **Q** 下の赤い文字の部分はなぜまずいのでしょうか。

昼休みの社員ラウンジで、博子がコーヒーを飲みながら新聞を読んでいると、カルロスが声を掛けてきた。

カルロス：やあ、元気？

博子：うん……まあまあ。

カルロス：おや、どこか悪いの。

博子：いや、別に（新聞に目を戻す）。

カルロス：……

ジャネット：こんにちは、カルロス。調子はどう？　しばらく見掛けなかったけど。

カルロス：中国に出張してたんだ。

ジャネット：出張多いわね。どのくらいの間、出張してたの？

カルロス：2週間ぐらい。四川省の成都にいたんだ。

ジャネット：あっちでは辛い料理楽しんだ？

> **A**
> 　**話し掛けられないよう視線を合わせないのは不自然。**あまり親しくない人に出会ったときに視線を合わせないのは、日本社会では一般的な行為と言えるだろう。しかし、同じ会社内のラウンジや同じ業界のパーティの場では、逆に視線を合わせないほうが不自然だ。
> 　博子は、コーヒーラウンジで新聞に目をやることで、カルロスの視線を避けているように見られたのだろう。つまり「話し掛けられたくない」オーラを発散しているといえる。

Part 1 同僚は外国人 >>> Unit 4 雑談の輪に入ろう

> **異文化対応ポイント**
> 1. 目を合わせ相手の注意を引く
> 2. シンプルな表現で話し掛ける

英語ではこんな表現を使っています！

Carlos: Hi. How are you?
Hiroko: Well, I'm so-so.
Carlos: Oh. What's wrong with you?
Hiroko: Nothing really.（新聞に目を戻す）
Carlos: ...
Janet: Hello, Carlos. How've you been? I haven't seen you for a while.
Carlos: I've been in China.
Janet: You do a lot of traveling. How long were you there for?
Carlos: Around a fortnight. I was in Chengdu, Sichuan.
Janet: Did you enjoy the spicy food?

注 What's wrong with you?: どこか悪いの？　a fortnight: 2週間　spicy: 辛い

仕事の場での雑談は「組織の血液」と言われている。同僚との雑談で、人間関係を築き、仕事をしやすい雰囲気を作っていくことは重要である。雑談を楽しむべき場所であれば、まず視線を合わそう。そして視線が合ったら即座に、Hi. How are you doing?（やあ、調子はどうですか）のような決まり文句を口にしよう。言われたほうは、I'm fine. や Pretty good. と答えるのが基本であることも覚えておくといいだろう。

会話を広げる質問をする

Q 下の赤い文字の部分はなぜ見習うべきなのでしょうか。　◎ TR 15/16

Carlos: Hi. How are you?

Hiroko: Pretty good. You may or may not remember me, but we met in the meeting last month. I'm Hiroko.

Carlos: Yes. I remember you, Hiroko. Carlos. Are you new here?

Hiroko: Yes. I've just been transferred from the Shikoku office. Have you ever been there?

Carlos: No, but everybody says they have nice noodles down there. I hope I have a chance to visit Shikoku sometime.

Janet: Carlos takes a lot of business trips and enjoys trying the local food.

Carlos: Hi, Janet. How's it going? Hiroko, have you met Janet?

Hiroko: No, but your face looks familiar to me.

Carlos: Yes, her picture's in the company brochure.

A

　博子はあいさつのあと、即座に自己紹介をし、会話を広げる質問をしている。これは見習うべきである。雑談を発展させるにはWhyやHowなど、長い答えを求めるような質問がよいのかというとそうでもない。たとえば、How do you develop your new products? と聞かれても、背景の詳しい説明が必要になり、簡単に雑談には発展しそうにない。雑談はむしろ簡単なYes/Noで答えられるような会話から成り立っていることを知っておこう。

　会話例の中でも博子が、Have you ever been there? という質問をしている。

異文化対応ポイント

1. 目を合わせ相手の注意を引く
2. シンプルな表現で話し掛ける

日本語訳はこうなります！

カルロス：やあ、元気？

博子：元気よ。覚えていてくれたかどうかはわからないけれど、先月会議で会ったわね。私は博子。

カルロス：博子、もちろん覚えているよ。僕はカルロス。君、新しく来たの。

博子：そう。四国事務所から転勤してきたばかり。あっちには行ったことある？

カルロス：いや。でもみんな麺がおいしいって言うね。いつか四国に行けるといいと思ってるんだ。

ジャネット：カルロスは出張が多くて、土地の食べ物を楽しんでるから。

カルロス：やあジャネット、元気？ 博子、ジャネットと会ったことある？

博子：いや、でも顔を見たことあるような……

カルロス：そう。彼女の写真が会社のパンフレットに載ってるからね。

注　be transferred from ...: 〜から転勤してきた　look familiar: 見覚えがある　brochure: パンフレット

　会話を広げていくのには、こういったシンプルな質問で十分である。ただし答えるほうは、Yes/Noだけのシンプルな答えだけではなく、なんらかのコメントをつけて答えることがポイントだ。会話例では、「四国に行ったことがあるか」と聞かれたカルロスが、No. で答えを終わらせず、「でも、みんな麺がおいしいって言うね」と情報を付け加えている。

　自分なりのコメントを付け加えるのが難しかったら、簡単なYes/Noを求める質問で切り返してもいい。意外に雑談が弾むはずだ。

実践練習　　　　　　　　　　　TR 17

外国人同僚との雑談を弾ませるのに役立つ表現の練習をしてみよう。CDの音声には赤字部分の後に短いポーズが入っているので、後について、リピートしてほしい。
🗨 マークの部分は最後の練習問題でもう一度復習しよう。

1 自己紹介をする

🗨 **I'm Hiroko.**
博子と言います。

2 相手との過去の出会いに言及する

🗨 **You may or may not remember me, but we met in the meeting last month.** 　》》ビート板①
覚えてもらえているかどうかわかりませんが、先月の会議でお会いしましたね。

We've met before, right?
以前お会いしましたよね。

自分の名前を言うときには、My name is Hiroko. よりも、ビジネス上では I'm Hiroko. または、Hiroko. とシンプルに名前だけを告げるほうが自然だ。過去の出会いに言及する場合、次の表現も覚えておこう。

▶ **Your face looks familiar.**（お顔をどこかで見たことがあります）

3 シンプルな質問をする

Have you ever been there?
あちらへは行ったことはありますか。

>>>ビート板②

Do you speak Japanese?
日本語は話しますか。

Have you tried eating raw fish?
刺身に挑戦してみたことはありますか。

Would you like to eat with chopsticks?
お箸での食事がよいですか。

Yes/No で答えられるような質問は、会話を広げる手始めのテクニックとして覚えておこう。相手が「Yes/No プラス簡単なコメント」で返してきたら、そこからまた次の簡単な質問や短いコメントを返すことで、雑談をしてみよう。

---

4 シンプルな質問に対し、情報を加えて答える

Mike: I'm from Texas. Ever been?

👉 You: **No, but I think I'll have a chance to go there on business this year or the next.** 　≫≫ビート板③

マイク：私はテキサス出身です。行ったことはありますか。
あなた：いえ、でも今年か来年あたり出張で行く機会があると思います。

　もしあなたが Yes/No で答えられる質問をされた場合には、相手は Yes や No の返事だけではなく、**付加的な情報を期待している**。必ず何かしらの付加情報を添えるようにしよう。

　とはいえ、とっさに何が適切な情報なのかを判断して、それを付け加えるのはなかなか難しい。だが、沈黙してしまうのはまずい。英語の会話では2秒以上の沈黙は不自然だからだ。そんなときには、時間稼ぎのためのつなぎ言葉を使おう。以下のつなぎ言葉を覚えて、それらを使い分けるといい。

- well（ええと）
- let's see（そうですね）
- say（その―）
- um（え―）

Part 1 同僚は外国人 >>> Unit 4 雑談の輪に入ろう

書き込み式　ビジネス英語のビート板

この Unit で学んだことは、いわば水泳のビート板。ほんの少しだけビート板に頼りつつも、自分の力でビジネス英語の海を泳いでみよう。まず、本書で覚えた表現を下線部に書き入れて、記憶を定着させよう。それができるようになったら、自分ならどう言うか、本文を参考にして、自分なりの表現を書き出してみるとよいだろう。

ビート板 ① 相手との過去の出会いに言及する

覚えてもらえているかどうかわかりませんが、先月の会議でお会いしましたね。

ビート板 ② シンプルな質問をする

あちらへは行ったことはありますか。

ビート板 ③ シンプルな質問に対し、情報を加えて答える

Mike: I am from Texas. Ever been?

あなた：いえ、でも今年か来年あたり出張で行く機会があると思います。

Part 1　同僚は外国人

Unit 5　電話の会話は怖くない

ユニットの狙い 1　グローバルマインドセット

" 　**相手の言ったことを復唱する**　"

同僚とであっても、電話は目に見える情報がない中での会話になる。情報の交換が誤解なく確実にできるように、基本的な情報は繰り返して口に出し確認しよう。

ユニットの狙い 2　発信力

" 　**肯定的な言い方をする**　"

同じ意味を伝える場合にも、肯定的に聞こえる言い方を選ぼう。

I **can't** do it by next Monday.
（来週の月曜日まで**できません**）

→ 好印象　I **can** do it next Monday.
（来週の月曜日に**できます**）

I'll find the document.
（書類を見つけます）

→ 好印象　I'll find the document **for you**.
（**あなたのために**書類を見つけます）

これだけは覚えたい！このユニットのセンテンス ベスト5　TR 18

このユニットで扱う表現で、ぜひ覚えておきたい表現は以下のとおり。このまま使えるようCDの音声の後に、声に出して繰り返してみよう。

1 相手の言ったことを復唱する

- **By tomorrow noon? All right.**
  （明日の正午までだね。いいよ）

2 「相手のため」を強調する

- **Sure, what can I do for you?**
  （もちろん、何をしたらいいですか）

- **Of course. How may I help you?**
  （うん、何をすればいい？）

3 肯定的な意見を返す

- **All right. First thing in the afternoon.**
  （いいよ。午後イチでやるよ）

- **Why not? I'll do it for you.**
  （もちろん。あなたのためならやりますよ）

電話で復唱しないと相手は不安になる

> **Q** 下の赤い文字の部分はなぜまずいのでしょうか。
>
> 営業3課の伊丹健のところに、マーケティング部のヴィヴィアンから電話が入った。
>
> ヴィヴィアン：もしもし健？　マーケティング部のヴィヴィアンだけど。
>
> 健：やあ、ヴィヴィアン。
>
> ヴィヴィアン：いま市場分析をしていて、で、あなたの営業レポート見てるの。ちょっと手伝ってほしいのよ。
>
> 健：うん、何？
>
> ヴィヴィアン：実は、あなたの営業レポートに記入漏れがあるの。（返答なし）シノザキというお客様への訪問時間が入っていないの。（返答なし）あなたの会った人、ええと、ダンカン・チェンの肩書も書いてなくて。（返答なし）ねえ、健、聞いてる？
>
> 健：ごめん、今教えてあげるの、無理なんだけど。

A

　健は聞いているだけで、復唱していない点がまずい。ヴィヴィアンの発言の後の（返答なし）のところでは、少し耳の痛い話であっても、しっかり発言を繰り返して確認するべきだ。いつまで経っても復唱してくれないので、ヴィヴィアンは不安になり Are you there?（聞いてる？）と言っている。たとえば、記入漏れを指摘された時点で、Oh, my sales reports are incomplete.（え、営業レポートが不十分だったの）と言ってもいいし、What information is missing?（どんな情報が足りないの？）とさらに質問をしてもいい。

Part 1 同僚は外国人 》》 Unit 5 電話の会話は怖くない

> **異文化対応ポイント**
> 1 相手の言ったことを復唱する
> 2 肯定的な言い方をする

英語ではこんな表現を使っています！

Vivian: Hi. Ken? This is Vivian from the marketing section.

Ken: Hi, Vivian.

Vivian: I'm working on the market analysis, and, uh, looking at your sales reports. I need your help.

Ken: OK. What can I do for you?

Vivian: Some of your sales reports are, in fact, incomplete. （返答なし）The time of your visit to your client, Shinozaki is missing.（返答なし）And the title of the person you met, uh, Duncan Chen is also missing.（返答なし）Ken? Are you there? I need the information very soon.

Ken: Sorry, I can't give you the information right now.

注 market analysis: 市場分析　incomplete: 不十分な　missing: 欠けている

　否定的な言い方をしている点もまずい。Sorry, I can't give you the information right now.（ごめん、今教えてあげるのは無理なんだけど）と断るよりも、次ページにあるようなもう少し肯定的な表現を使おう。ヴィヴィアンの要求に対しては、ちょっと大げさと思えるくらいに相手のためという点を強調しよう。たとえば、相手が頼んでくる前に What can I do for you? と尋ねたり、I need your help. と言われたら I'll be happy to.（喜んで）という表現で返したりすればいい。

「相手のため」を強調する

Q 下の赤い文字の部分はなぜ見習うべきなのでしょうか。　TR 19/20

Vivian: Hi. Ken? This is Vivian from the marketing section.

Ken: Hi, Vivian. What can I do for you?

Vivian: I'm working on the market analysis, and, uh, looking at your sales reports. I need your help.

Ken: I'll be happy to help you. What do you want?

Vivian: Some of your sales reports are, in fact, incomplete.

Ken: Oh, what's missing?

Vivian: The time of your visit to your client, Shinozaki, is missing.

Ken: OK. The time of my visit to Shinozaki. Anything else?

Vivian: And I need Duncan Chen's job title. I need the information very soon.

Ken: OK. Duncan Chen's job title. I'll find out, and get back to you first thing this afternoon.

A

　健はしつこいくらい、相手の発言を確認している。社内の電話に限らず、英語を共通語として使う職場では、このくらいしつこい確認が必要だ。健が実践しているように、なるべく相手の言ったことを繰り返して確認をすることを習慣づけよう。

　もうひとつ見習いたいのは、健が「相手のため」を強調している点だ。英語の社会で人間関係を良好に保つには、このように少し大げさなくらい「相手のため」を強調することが重要だ。日本だと表面的に聞こえるかもしれな

Part 1　同僚は外国人 ≫ Unit 5　電話の会話は怖くない

異文化対応ポイント
1. 相手の言ったことを復唱する
2. 肯定的な言い方をする

日本語訳はこうなります！

ヴィヴィアン：もしもし健？　マーケティング部のヴィヴィアンだけど。

健：やあ、ヴィヴィアン。何か君にしてあげられることある？

ヴィヴィアン：いま市場分析をしてるんだけど、で、あなたの営業レポート見てて…ちょっと手伝ってほしいの。

健：喜んで。何をしてほしい？

ヴィヴィアン：実は、あなたの営業レポートに記入漏れがあって。

健：えっ、何が足りなかった？

ヴィヴィアン：シノザキというお客様への訪問時間が入ってなくて。

健：シノザキへの訪問時間ね。ほかには？

ヴィヴィアン：それと、ダンカン・チェンの肩書。すぐにほしいの。

健：わかった。ダンカン・チェンの肩書だね。君のために、午後一番で見つけるよ。

注　Anything else?: 他に何か？　first thing this afternoon: 午後一番で

いが、英語ではOKだ。たとえばヴィヴィアンにサポートをしてあげるときの健の表現としては、How can I help you?（どんなふうに手伝えばいい？）、Do you want me to help you?（私に手伝ってほしいんだね？）のようにも言える。またすぐに情報がほしいという要求に対しても、次のように答えることも可能だ。Of course. I'll get you the information as soon as I find out.（もちろん。見つけ次第すぐに君に知らせるよ）。正確な情報の受け渡しと人間関係の維持を、同時にバランスよく目指そう。

実践練習　　　　　　　　　　　　　　◎ TR 21

電話の会話で役に立つ表現の練習をしてみよう。CDの音声には赤字部分の後に短いポーズが入っているので、後についてリピートしてほしい。🗨 マークの部分は最後の練習問題でもう一度復習しよう。

1 相手の言ったことを復唱する

Martin: I need this document by tomorrow at noon.
🗨 **You: By tomorrow at noon? All right.**　　　≫ビート板①

マーティン：この書類を明日の正午までに欲しいんだけど。
あなた：明日の正午までね？ いいわよ。

Alexander: Could you help me translate this page into English, please?
You: Oh, sure. Just this page?

アレクサンダー：このページを英語に翻訳して欲しいんだけど。
あなた：もちろん。このページだけでいいの？

Walter: Can you send the file as an attachment, please?
You: As an attachment? Is PDF fine with you?

ウォルター：このファイルを添付して送ってもらえる？
あなた：添付で？　PDF形式でいいの？

Unit 2 では、相手の発言のわからない部分を疑問詞に置き換えて繰り返すテクニックを紹介したが、これも相手の言っている特に重要な情報を、そのまま繰り返す相づちの一種だ。また、3番目に挙げた例のように返答の際に、付加的な情報があると相手への思いやりが伝わり、なおよいだろう。

2 「相手のため」を強調する

Martin: I need your help.
You: Sure, what can I do for you?

>>> ビート板②

マーティン：助けて欲しいんだけど。
あなた：もちろん。何をしたらいい？

Alexander: Could you do me a favor?
You: Of course. How may I help you?

アレクサンダー：お願いがあるんだけど。
あなた：いいわよ。どんなふうに手伝えばいい？

Walter: I'm kind of stuck these days.
You: Oh, is there anything I can do for you?

ウォルター：最近、予定がきつきつなのよね。
あなた：あ、それじゃあ、君に何かしてあげられることはある？

人に何かを依頼する場合、内容次第では、英語でも日本語でも相手にとって過大な負担になる可能性がある。それゆえ依頼する側も、無神経に依頼をしているわけではなく、断られるかもしれないとドキドキしていると言っていい。そんなとき、気持ちよく承諾の返事をしてくれた相手とは、信頼関係を築きやすい。また、返答する前に Sure.、Of course.、Why not? などを使って、快く承諾することを伝えるとさらによい。

3 肯定的な意見を返す

Martin: Would you mind doing this for me?
You: All right. First thing this afternoon.
マーティン：この仕事やってもらっても差し支えない？
あなた：オーケー。午後イチでやるわ。

Alexander: I wonder if you could do it by this weekend?
You: Sure thing, Alexander.
アレクサンダー：これを週末までに仕上げてもらえるかな。
あなた：もちろんよ、アレクサンダー。

Walter: Could you help me, please?
You: Why not? I'll help you out. 》》ビート板③
ウォルター：手伝ってもらえるかな？
あなた：もちろん。あなたのためならやりますよ。

肯定的な意見を示すのに、Yes ばかりを使っていると、どこかしらそっ気ない感じになってしまいがちだ。そこで、上の例のようにバリエーションとして、All right.、Sure thing.、Why not? なども使ってみよう。

書き込み式　ビジネス英語のビート板

この Unit で学んだことは、いわば水泳のビート板。ほんの少しだけビート板に頼りつつも、自分の力でビジネス英語の海を泳いでみよう。まず、本書で覚えた表現を下線部に書き入れて、記憶を定着させよう。それができるようになったら、自分ならどう言うか、本文を参考にして、自分なりの表現を書き出してみるとよいだろう。

ビート板 ① 相手の言ったことを復唱する

Martin: I need this document by tomorrow at noon.

あなた：明日の正午までね？ いいわよ。

ビート板 ② 相手のためを強調する

Martin: I need your help.

あなた：もちろん、何をしたらいい？

ビート板 ③ 肯定的な意見を返す

Walter: Could you help me, please?

あなた：もちろん。あなたのためならやりますよ。

Column コラム①

役職名の英語だけで地位を判断するなかれ

　ビジネスの世界では、英語が世界共通語として使われつつある。ならば、役職名や組織形態も、英語と同じように世界共通のものがあるかというと、実はそうでもない。組織の構成やそれにともなう管理システムは、世界のそれぞれの企業でさまざまな形態を取っている。

　『部長』は英語で何と訳したらいいのだろうか。対応する英語はひとつだけではない。部長を Director、次長を Deputy Director、課長を Manager としている企業も多いが、この訳語はかならずしもその人の地位をはっきり伝えられるものではない。同じ部長でも持っている権限や部下の数はずいぶん異なってくる。それをひと言の英語で伝えることは難しい。ましてや、部長代理、支店長代理、部長補佐などを苦労して英語にしても、その地位を正確には伝えることはできないと考えておいたほうがいいだろう。

　常務取締役に Managing Director を振り当てている企業もあるが、イギリスではこれは社長を表すことが多い。筆者が出会ったカザフスタンの大企業の社長も Managing Director という肩書が付いている。日本の中小企業の常務取締役が、対等な交渉相手として話せる立場の人ではないはずだ。

　副社長を表す Vice President はアメリカでは部長クラスに使う場合も多く、会議に 20 名近くの Vice President が出席することもある。日本の副社長よりもかなり格下という Vice President も少なくない。したがって、肩書を正確に訳そうと努力するよりも、自分の職責を簡潔に英語で話せる力を身につける努力をしたほうが見返りは大きいはずだ。

Part 2
人と出会う

Part 2　人と出会う

Unit 1　自己紹介をしよう

ユニットの狙い 1　グローバルマインドセット

"　**どう呼び合うかを相互に了解する**　"

多文化、多国籍の環境では、相手をどう呼ぶか、最初に相互に同意しておくと仕事がしやすい。

ユニットの狙い 2　発信力

"　**名前と職責を伝える**　"

自分の肩書をわかりやすく具体的に伝えよう。

Mr. Larry, would you like coffee?
（ラリーさん、コーヒーはいかがですか）

【好印象】 In Japan, we put *-san* after people's names. Can I call you **Larry-san**?
（日本では、名前の後に「さん」をつけます。ラリーさんとお呼びしていいですか）

I'm director of the first sales division.
（第一営業部のディレクターをしています）

【好印象】 I'm the Asia-Pacific region sales director.
（アジア太平洋地域の営業ディレクターをしています）

Part 2 人と出会う ≫ Unit 1 自己紹介をしよう

これだけは覚えたい！このユニットのセンテンス ベスト5　TR 22

このユニットで扱う表現で、ぜひ覚えておきたい表現は以下のとおり。このまま使えるよう CD の音声の後に、声に出して繰り返してみよう。

1 自分の名前を伝える

- **My name's Kohei Endo. Just call me Kohei.**
  （名前は遠藤公平です。コーヘイと呼んでください）

2 相手の名前を確認する。

- **Did I pronounce your name correctly?**
  （お名前を正しく発音していますでしょうか）

3 自分の職責を伝える

- **My responsibilities include sales and customer service.**
  （営業とカスタマーサービスの責任者をしています）

- **I'm responsible for day-to-day sales activities.**
  （私は毎日の営業活動の責任者です）

- **Rod Evans is my boss.**
  （ロッド・エバンズが上司です）

名前に敬称をつければいい、というものでもない

Q 下の赤い文字の部分はなぜまずいのでしょうか。

ラリー：お会いできてうれしいです。私はルチアーノ鋼管のラリー・エンベリンです。アジア太平洋地域の営業を担当しております。

敏子：遠くからご足労ありがとうございます。とうとう実際にお目にかかれましたね。私は辰野敏子です。

祥子：そして私の名前は谷津祥子です。どうぞお掛けになってください。エンブ…

ラリー：エンベリンです。私の姓は少し発音しにくいかもしれません。ラリーと読んでいただければ結構です。

祥子：はい。では ミスター・ラリー、 コーヒーはいかがですか。

A

　ファーストネームに Mr. をつけるのは、あまり勧められない。そもそもファーストネームは、親しい相手に使うものなので、敬称の Mr. とは相容れない。さらに、かつてアメリカの奴隷が主人を呼ぶときや、植民地時代に現地の人々が支配者を呼ぶときに、Mr. Mrs. をファーストネームにつけていたこともあり、過去の暗い歴史を思い出す人も中にはいる。

　ビジネスでの出会いでは、多くの場合、互いの名前や肩書を交換するところから始まる。日本企業では「辰野さん」と敬称を付けるか、「辰野次長」と

Part 2 人と出会う ≫ Unit 1 自己紹介をしよう

異文化対応ポイント
1. どう呼び合うかを相互に了解する
2. 名前と職責を伝える

英語ではこんな表現を使っています！

Larry: I'm pleased to meet you. I'm Larry Emberlin of Luciano Steel Pipes. I'm in charge of sales in the Asia-Pacific region.

Toshiko: Thank you for coming such a long way to meet us. It's so nice to finally meet you in person. My name's Toshiko Tatsuno.

Shoko: And my name's Shoko Yatsu. Please have a seat. Mr. Emb—

Larry: Emberlin. My family name may be a little difficult to pronounce. Just call me Larry.

Shoko: OK. OK. **Mr. Larry,** would you like coffee?

注 meet someone in person: 実際に会って話すこと　in charge of...:「～の担当」という意味だが、単に業務の担当レベルではなく、その部門の責任者であることを示すので、使う際には注意が必要。

役職を付けることが多い。しかし、世界では一般的ではない。金や李といった姓を持った人が多い韓国では、フルネームが使われることが多い。イギリスではかつては姓に敬称の Mr. Miss. Mrs. などをつけて呼んでいた時代もあったが、現在ではアメリカ英語の影響をうけて、ファーストネームで仕事をすることが多くなっている。また Miss や Mrs. の使用は大きく減り、Ms. が一般的だ。大半の国はファーストネームで呼び合うが、例外もある。タイではファーストネームに Mr. や Ms. をつけることが多い。

相手の名前や呼び方を確認し、自分の職責を伝える

Q 下の赤い文字の部分はなぜ見習うべきなのでしょうか。 ◎ TR 23/24

Larry: It's very nice to meet you. I'm Larry Emberlin of Luciano Steel Pipes. I'm the Asia-Pacific region sales director.

Toshiko: My name's Toshiko Tatsuno. **I'm responsible for procurement.** Thank you for coming such a long way, Mr. Emberlin. **Did I pronounce your name correctly?**

Larry: You pronounced it perfectly but you can call me Larry. It's easier.

Toshiko: Well, in Japan, we put -*san* after people's names. **Can I call you Larry-*san*?**

Larry: Sure. So you are Tatsuno-*san*.

Shoko: And I'm Shoko Yatsu. **Tatsuno-*san* is my boss.** Larry-*san*, may I offer you something to drink?

A

職責をわかりやすく伝え、名前の発音を確認し、名前の呼び方について相互の同意を得ている点を見習いたい。

呼称については、日本人同士の会話では姓を呼ぶほうが好まれる。一方外国人同士はファーストネームを好む。そのため、日本の外資系企業の職場では、両者が自然な形で混在している場合が多い。どう呼び合うか、あらかじめ相互に同意しておくと、仕事がしやすくなるはずだ。

英語が共通語として使われる場面では、さまざまなタイプの名前の人と仕

異文化対応ポイント

1 どう呼び合うかを相互に了解する
2 名前と職責を伝える

日本語訳はこうなります！

ラリー：はじめまして。ルチアーノ鋼管のラリー・エンベリンです。アジア太平洋地域担当の営業課長です。

敏子：私は辰野敏子と申します。**調達の責任者です。**遠くからお運びいただきありがとうございます、エンベリンさん。**発音はこれでよろしいですか。**

ラリー：完璧な発音です。ラリーと呼んでいただいて結構ですよ。そのほうが簡単ですし。

敏子：日本では、名前の後に「さん」をつけます。**ラリーさんとお呼びしていいですか。**

ラリー：もちろんです。そうするとあなたは辰野さんですね。

祥子：そして私は谷津祥子です。**辰野さんが上司になります。**ラリーさん何かお飲物はいかがですか。

注　be responsible for...:「……の担当」。in charge of とほぼ同じ意味。　procurement:「調達」。商品やサービスを外部から購入し、必要とする部門へ供給する業務

事をする可能性が高い。相手の名前を正しく発音しているかを確認するのは重要だ。相手の母語によっては、発音しにくい名前がある。日本語でも、たとえば母音が並ぶ「井上」のような姓は、英語話者には発音しにくい。相手にとって呼びやすい呼び方を考えるなど、工夫が必要だ。

　欧米では名刺は別れ際に渡すことがあるので、自分の肩書を英語でしっかり伝える必要がある。特に「チームリーダー」や「部長付」といった日本以外ではわかりにくい役職は、ある程度具体的に説明するべきだろう。

実践練習　　　　　　　　　　　　　　　　🎧 TR 25

人との出会いの際、すぐに使える、自己紹介の表現の練習をしてみよう。CDの音声には赤字部分の後に短いポーズが入っているので、後について、リピートしてほしい。

🚩マークの部分は最後の練習問題でもう一度復習しよう。

1 自分の名前を伝える

My name's Kohei Endo. Just call me Kohei.
私の名前は遠藤公平です。コーヘイと読んでください。

I'm Makoto Tago. Everybody calls me Tago.
私は多湖誠といいます。みな私のことをタゴと呼んでいます。

2 相手の名前を確認する

🚩 **Dr. Asel Abdykayeva. Did I pronounce your name correctly?**　　　　　　　　　　　　　　　　》》ビート板①

エーセル・アブディカヤワ博士。お名前を正しく発音していますでしょうか。

名前を伝えた後、**This is my business card.**（これが私の名刺です）と言って名刺を手渡したり、相手が呼びにくい名前、たとえば「中沢」ならば、**Call me Naka for short. It's easier.**（縮めてナカと呼んでください。そのほうが呼びやすいですから）と提案してもいいだろう。

3 自分の部署を説明する

I'm a sales representative belonging to the third sales group in the first sales division.
私は、営業1課営業第3グループの営業担当者です。

The first sales division is responsible for government sales.　　　》》ビート板②
営業1課は官公庁向けの営業を担当しています。

There are five regional sales groups, and the third sales group covers all areas of Kyushu.
地域別に5つの営業グループがあり、第3グループは九州全域をカバーしています。

名刺の肩書の部署だけでなく、それが何を意味するのかを伝えよう。営業を目的や地域別にグループ分けしている企業は日本では少なくない。名刺でも group を使うことが多いが、英語では team を使う場合が多い。

4 自分の職責や地位を説明する

I act as a contact between our clients and our organization.
顧客企業と弊社の連絡係として働いています。

🗨 **I'm responsible for day-to-day sales activities.** ≫ビート板③
私は毎日の営業活動の責任者です。

Rod Evans is my boss.
ロッド・エバンズが上司です。

国際的な商談では、自分の職責を伝えるだけでなく、同席者との上下関係も相手に伝えよう。そうすることで、相手がどちらに決定権があるのかを理解したうえで交渉を進められるからだ。なお、最初の例文のcontactはliaisonと言い換えることもできる。

Part 2 人と出会う >>> Unit 1 自己紹介をしよう

| 書き込み式 | ビジネス英語のビート板 |

この Unit で学んだことは、いわば水泳のビート板。ほんの少しだけビート板に頼りつつも、自分の力でビジネス英語の海を泳いでみよう。まず、本書で覚えた表現を下線部に書き入れて、記憶を定着させよう。それができるようになったら、自分ならどう言うか、本文を参考にして、自分なりの表現を書き出してみるとよいだろう。

ビート板 ① 相手の名前を確認する

エーセル・アブディカヤワ博士。お名前を正しく発音していますでしょうか。

ビート板 ② 自分の部署を説明する

営業1課は官公庁向けの営業を担当しています。

ビート板 ③ 自分の職責や地位を説明する

私は毎日の営業活動の責任者です。

Part 2　人と出会う

Unit 2　相手とよい関係を保とう

ユニットの狙い　1　グローバルマインドセット

" **「日本の常識」にとらわれない** "

無意識のうちに日本の常識が世界のどこであっても通用すると、思い込んでいないだろうか。まずその思い込みを捨てることが大切だ。

ユニットの狙い　2　発信力

" **理由を誠実に説明する** "

きちんと説明しないと、好意で言ったことが不信感や反感につながってしまう。

No. No. Please move to this chair.
（だめです。だめです。こっちの椅子に移ってください）

好印象　May I invite you to be seated on this comfortable chair we use for our guests? It's our custom to offer this large chair to our guests.
（お客様用のゆったりした席のほうにお掛けになるよう、おすすめしたいのですが。お客様にはいつもこの大きな椅子を使っていただくようにしています）

Part 2 人と出会う >>> Unit 2 相手とよい関係を保とう

これだけは覚えたい！このユニットのセンテンス ベスト5　TR 26

このユニットで扱う表現で、ぜひ覚えておきたい表現パターンは以下のとおり。このまま使えるよう CD の音声の後に、声に出して繰り返してみよう。

1 できなかったり、失敗した理由を説明する

- I'm sorry for being late. We had to ...
（遅れて申し訳ありません。……しなければならなかったのです）

- I apologize for our late submission of ... It took us longer than we initially thought to ...
（……の提出が遅れてしまい、おわびいたします。……をするのに、当初考えていたよりも時間がかかってしまったものですから）

- I'm afraid I won't be able to ... I'll have to ...
（……することができそうにもありません。……しなければならないものですから）

- My apologies for ...　I ...
（……してしまい、申し訳ありません。私は……なものですから）

2 依頼を断る

- Thank you for ... I really want to ... but I ...
（……していただき、ありがとうございます。本当に……したかったのですが、……なものですから）

73

日本の常識を誰もが知っているわけではない

Q 下の赤い文字の部分はなぜまずいのでしょうか。

調達部次長の辰野敏子と配属されたばかりの谷津祥子は、パートナー会社のラリー・エンベリンと仕事の打ち合わせに入ろうとしている。

敏子：ラリーさん、東京にはいつ到着されたのですか。

ラリー：いや実を言うと数時間前なのです。私の便は昨日到着する予定でしたが、事情があって20時間ほど遅れたのです。幸い、私の時差ぼけは思っていたほどひどくないのですが。

敏子：長時間のフライトの後でお疲れでしょう。どうぞお掛けください。打ち合わせは短くしましょう。

ラリー：それはありがたい。（応接間の入口にある一人掛けのソファに座ろうとする）

祥子：だめです。だめです。こっちの椅子に移ってください。（二人掛けのソファをすすめる）

ラリー：（不審そうに）いいですよ。（二人掛けの椅子に座る）これでいいんですか。

A

　　　理由をしっかり説明せずに、依頼をしている点がまずい。

　日本では、ソファが置いてある応接間にお客様をお通しするときには、上座、下座の区別があり、お客様を上座に案内するのが普通だ。多くの場合、二人以上がゆったり座れる大きなものが1つと、一人掛けの小さな椅子が2つでセットになっている。一般的に上座は、出入り口から遠い位置の大きなソファだ。お客様には、広いソファでくつろいでもらい、出入り口に近くてせわしない場所ではなく、出入り口から離れた場所でゆっくり座ってもらうという、

Part 2 人と出会う ≫ Unit 2 相手とよい関係を保とう

異文化対応ポイント
1. 「日本の常識」にとらわれない
2. 理由を誠実に説明する

英語ではこんな表現を使っています！

Toshiko: Larry-*san*, when did you arrive in Tokyo?

Larry: Well, to tell you the truth, a few hours ago. My flight was scheduled to arrive yesterday but for some reason it was delayed for about 20 hours. Fortunately my jet lag is not as bad as I thought.

Toshiko: But you must be exhausted after the long flight. Please have a seat. We'll make our meeting brief.

Larry: That's nice of you.（応接間の入口にある一人掛けのソファに座ろうとする）

Shoko: No, no. Please move to this chair.（二人掛けのソファをすすめる）

Larry:（不審そうに）OK.（二人掛けのソファに座る）Is this OK for you?

注 jet lag: 時差ぼけ　exhausted: 疲れた

狭いスペースを前提とした配慮とも言えるだろう。

　しかし、海外の企業では、少人数ならば管理職のオフィスのテーブル、大人数のときはミーティングルームを使うために、ソファで打ち合わせをする会社は多くない。ラリーは突然、祥子に別の座席に移るように言われて不思議に感じ、彼女にあまりよい印象をもたなかったかもしれない。ラリーにわかるよう、きちんと説明することが必要だったのだ。

嫌な感じを与えないよう、きちんと説明する

Q 下の赤い文字の部分はなぜ見習うべきなのでしょうか。　◎ TR 27/28

Toshiko: You must be exhausted after the long flight. Please have a seat. We'll make our meeting brief.

Larry: That's nice of you.（応接間の入口近くにある一人掛けのソファに座ろうとする）

Shoko: Larry-san, may I invite you to be seated on this comfortable chair we use for our guests?（二人掛けのソファをすすめる）

Larry: Is this seat only used for guests?（二人掛けのソファに座る）

Shoko: It's our custom to offer this large chair to our guests. The furthest place from the entrance is considered to be best for the person of highest status.

Larry: Oh, I didn't know that. That's some interesting cultural information. I'll tell my colleagues who are coming to Japan.

A

　依頼をする際に、相手にわかるようその理由をきちんと説明している点を見習おう。これは欧米式のビジネスでは、とても重要だ。依頼には説明責任（accountability）が伴うと言ってもいいだろう。上座に移ってもらうなど、たとえ好意に基づいて依頼をする場合も、例外ではない。共通語としての英語で仕事をするとき、自分たちの慣習が世界共通のものではないことをまず意識しよう。そうすれば何を説明すればいいか、自然にわかってくるはずだ。

　説明が必要になるのは、依頼をするときだけではない。何かができなかっ

異文化対応ポイント

1 「日本の常識」にとらわれない
2 理由を誠実に説明する

日本語訳はこうなります！

敏子：長時間のフライトの後でお疲れでしょう。どうぞお掛けください。打ち合わせは短くしましょう。

ラリー：それはありがたい。（応接間の入り口近くにある一人掛けのソファに座ろうとする）

祥子：ラリーさん、**お客様用のゆったりした席のほうにお掛けになるよう、おすすめしたいのですが。**（二人掛けのソファをすすめる）

ラリー：この椅子は客用ということになっているのですか。（二人掛けのソファに座る）

祥子：**お客様にはいつもこの大きな椅子を使っていただくようにしています。出入り口から遠い場所ほど、地位の高い方のものとされているのです。**

ラリー：ほう、それは知りませんでした。おもしろい文化豆知識ですね。これから日本に来る同僚に教えてあげなくちゃ。

たり、失敗したりしたとき、相手の申し出を断るときなども、その理由をきちんと説明しよう。日本社会では、言い訳をせず謝罪するのをよしと考えがちだ。だが、英語でそれをやると、何かを隠しているかのような不信感を抱かせてしまう可能性がある。日本の感覚では「言い訳」でも、それは英語では省略すべきではない「説明」であることが多い点に、ぜひ注意してほしい。

実践練習 ◎ TR 29

思わぬ誤解を避けるための表現の練習をしてみよう。CD の音声には赤字部分の後に短いポーズが入っているので、後について、リピートしてほしい。🗨 マークの部分は最後の練習問題でもう一度復習しよう。

1 面会時間に遅れた理由を説明する

🗨 **I'm sorry for being late. We got caught in a traffic jam.**　　　　　　　　　　　　　　　　　　　　　》》ビート板①

遅れて申し訳ありません。交通渋滞に巻き込まれてしまったものですから。

2 提出期限に間に合わなかった理由を説明する

🗨 **I apologize for our late submission of the report. It took us longer than we initially thought to obtain the specialists' opinions.**　》》ビート板②

報告書の提出が遅れてしまい、おわびいたします。専門家の意見を得るのに、当初考えていたよりも時間が掛かってしまったものですから。

> 上の説明や理由付けは日本的な感覚では言い訳に聞こえるかもしれない。だが、英語では謝罪だけで済ませるよりも、責任感のある誠実な対応に聞こえるはずだ。具体的でわかりやすい理由を述べよう。

3 期待された対応ができない／できなかった理由を説明する

I'm afraid I won't be able to meet you at the airport. My sister is sick and I have to be in the hospital around your arrival time.

空港でお出迎えすることができそうもありません。姉が病気で、ご到着の時間に病院にいる必要があるものですから。

4 失敗した理由を説明する

My apologies for misspelling your name on the document. I'm not familiar with African names. So it's not easy for me to notice if they're spelled incorrectly.

書類の中であなたのお名前のつづりを間違えてしまい申し訳ありません。アフリカの方の名前には慣れておりませんので、名前のつづりが間違っていても、それを見つけるのが、私にはなかなか難しいものですから。

家族の病気のことのような多少プライベートなことでも、差し支えない範囲で伝えることで、こちらの誠意を感じてもらえるケースもある。不都合なことが起こった場合の理由の説明は、し過ぎるほうが、しなかったり不足したりして相手に不信感を抱かせるよりも、ずっといいことを覚えておこう。

5 依頼を断る理由を説明する

🗨 **Thank you for your kind invitation to dinner. I really want to go, but I should stay in my hotel tonight. I'm suffering from really bad jet lag.**

≫ビート板③

ご親切に夕食にご招待してくださり、ありがとうございます。本当に行きたいのですが、今夜はホテルにとどまることにします。ひどい時差ぼけに悩まされてるものですから。

海外出張などでは、実に心を込めた接待をしてくれる人たちに出会うことも少なくない。筆者も、サウジアラビアやイランの企業を仕事で訪問したときは、ほぼ毎晩のように食事に招待された。そういった招待を断るときは、理由をしっかり説明することが相手との関係を良好に保つため、とても効果的である。

Part 2 人と出会う ≫ Unit 2 相手とよい関係を保とう

書き込み式　ビジネス英語のビート板

この Unit で学んだことは、いわば水泳のビート板。ほんの少しだけビート板に頼りつつも、自分の力でビジネス英語の海を泳いでみよう。まず、本書で覚えた表現を下線部に書き入れて、記憶を定着させよう。それができるようになったら、自分ならどう言うか、本文を参考にして、自分なりの表現を書き出してみるとよいだろう。

ビート板 ① 面会時間に遅れた理由を説明する

遅れて申し訳ありません。交通渋滞に巻き込まれてしまったものですから。

ビート板 ② 提出期限に間に合わなかった理由を説明する

報告書の提出が遅れてしまい、おわびいたします。専門家の意見を得るのに、当初考えていたよりも時間がかかってしまったものですから。

ビート板 ③ 依頼を断る理由を説明する

ご親切に夕食にご招待してくださり、ありがとうございます。本当に行きたいのですが、今夜はホテルにとどまることにします。ひどい時差ぼけに悩まされているものですから。

Part 2　人と出会う

Unit 3　スモールトークを活用しよう

ユニットの狙い 1　グローバルマインドセット

"　　　謙そんで会話を止めない　　　"

スモールトークで褒められたとき、「いえ、そんなことはありません」というと会話はそこで止まってしまう。会話を膨らませることを、まずは心掛けてほしい。

ユニットの狙い 2　発信力

"　　　小さく褒める　　　"

うまく会話を運ぶ基本は、相手の好きそうな話題を探して小さく褒めることだ。

Larry: By the way, it was a nice surprise that you reserved such a wonderful hotel for me.
（ところで、すばらしいホテルを予約していただいて、うれしい驚きです）

You: I'm sorry. It's a little far from here.
（すみません。ここからすこし遠いですよね）

好印象 I'm so glad that you like the hotel.
（あのホテルを気に入っていただけ、本当によかったです）

Part 2 人と出会う ≫ Unit 3 スモールトークを活用しよう

これだけは覚えたい！このユニットのセンテンス ベスト5　TR 30

このユニットで扱う表現で、ぜひ覚えておきたい表現は以下のとおり。このまま使えるよう CD の音声の後に、声に出して繰り返してみよう。

1 天気を褒める

- **What a beautiful day today!**
  （なんて素晴らしい天気でしょう）

2 持ち物や相手を褒める

- **You've got a nice laptop.**
  （いいノートブック・パソコンを持っていますね）

- **That's a new tablet PC, isn't it?**
  （それ、新しいタブレット型 PC じゃないですか）

- **Did you get your hair cut? I like your new hairstyle.**
  （髪、切ったのですか。その新しいヘアスタイルも素敵ですね）

- **I really like your jacket, Alexander.**
  （あなたのジャケット、本当に素敵です、アレクサンダー）

83

謙そんすると話の腰を折ってしまう

Q 下の赤い文字の部分はなぜまずいのでしょうか。

ラリー：ところで、私のために素晴らしいホテルを予約していただき、うれしい驚きです。

祥子：すみません。ここからすこし遠いですよね。

敏子：いつもお客様には、私たちの本部の前にあるホテルを予約をするのですが。でも、残念ながらそのホテルは予約でいっぱいだったものですから。

ラリー：あのホテルは気に入っていますよ。タクシーでたったの15分ですし。（沈黙）このオフィスは改装されたばかりだそうですね。高級感のあるデザインとハイテク設備がうまく調和していますよね。

敏子：もっと素敵なビルが東京の中心に行けばありますよ。新しくビルを建てたかったのですが。最近の景気の状況によって、結局、いまある建物を改装することにしたのです。

ラリー：なるほど。（さらに長い沈黙）

A

　相手がせっかくポジティブなことを指摘したり、褒めてくれたりしているのに、謙そんしてそれを否定し、会話の腰を折っている点がまずい。

　ある調査によると、過半数のスモールトークが相手を褒めることから始まっている。一方が相手を褒める。相手は褒められたことの由来などを説明する。そして、そこから雑談が広がっていくというのが、一般的なスモールトークの展開パターンだ。

　ところが、日本語の会話では、相手に褒められると、謙そんして、褒めら

Part 2 人と出会う >>> Unit 3 スモールトークを活用しよう

異文化対応ポイント

1. 謙そんで会話を止めない
2. 小さく褒める

英語ではこんな表現を使っています！

Larry: By the way, it was a nice surprise that you reserved such a wonderful hotel for me.

Shoko: I'm sorry. It's a little far from here.

Toshiko: We usually book the hotel just in front of our headquarters for our guests. But it was fully booked unfortunately.

Larry: I like the hotel. It's only 15 minutes by taxi.（沈黙）I heard that you have just renovated this office building. I'm very impressed with the combination of classy design and high-tech equipment.

Toshiko: Actually you'll see nicer buildings in the center of Tokyo. We wanted to build a new building but because of the recent economic climate, we finally decided to renovate the existing one.

Larry: Hm.（さらに長い沈黙）

注　headquarters: 本部　renovate: 改装する　classy: 高級感のある

れたことを否定する傾向がある。たとえば、「優秀な部下がいらっしゃるのですね」と言われたら、「いえいえ、まだ至らないところばかりで」などと、反射的に謙そんし否定してしまわないだろうか。スモールトークの展開パターンに慣れている相手は、この謙そんで話の腰を折られてしまう。褒めたことを否定されると、どう対応したらいいか戸惑い、そこに気まずい沈黙が生まれてしまうのだ。次ページの会話例も参考にしながら、褒められたことを切り口に、話を発展させることをぜひ心掛けてほしい。

褒めることから始める

Q 下の赤い文字の部分はなぜ見習うべきなのでしょうか。　TR 31/32

Larry: By the way, it was a nice surprise that you reserved such a wonderful hotel for me.

Toshiko: I'm so glad you like it.

Shoko: The hotel just in front of our headquarters was fully booked. So we reserved a room in the hotel where you're staying. Actually it's located in a busy area, so you can go shopping around there, too.

Larry: That's the first thing I'll do when I go back there this evening. My daughter asked me to get her a camera.

Shoko: I just bought a nice one from a shop near the hotel. I'll show you where it is later.

Larry: That's very kind of you.

Toshiko: Yatsu-*san*'s camera is great. (祥子に) You might want to show your new camera to Larry-*san* next time.

A

　予約してくれたホテルを褒めている点、そして、褒めてもらった側は、そのホテルのいいところをきちんと話している点がいい。その結果、自然に会話が弾み、ビジネスの前提となるよい人間関係が築けている。

　英語のビジネスでは、時間をかけずに単刀直入に交渉が行われていると思っている人がいるかもしれないが、必ずしもストレートに用件から入るとは限らない。むしろビジネス会話は、まずスモールトーク（雑談）から入るのが普通だ。ちょっとした雑談は、組織内の英語のコミュニケーションの潤滑油

Part 2 人と出会う >>> Unit 3 スモールトークを活用しよう

異文化対応ポイント
1. 謙そんで会話を止めない
2. 小さく褒める

日本語訳はこうなります！

ラリー：ところで、私のためにすばらしいホテルを予約していただいて、うれしい驚きです。

敏子：あのホテルを気に入っていただけ、本当によかったです。

祥子：本部の真正面のホテルは予約でいっぱいだったのです。そこで、今泊っていらっしゃるホテルを予約したのです。実際、賑やかな場所にあるので、ホテル周辺で買い物が楽しめますよ。

ラリー：夕方ホテルに戻ったら最初にするのが、買い物なのです。娘にカメラを買ってくるよう頼まれていましてね。

祥子：私、ちょうどホテルの近くの店でカメラを買ったばかりです。あとでどこにあるかお教えしますね。

ラリー：それはご親切にどうも。

敏子：谷津さんのカメラはすごいですよ。（祥子に）ラリーさんに次に会ったときに新品のカメラ見せてあげたら。

注　be located in ...：……に位置している　right here：ちょうどここに

として機能している。「出会い」⇒「あいさつ・紹介」⇒「スモールトーク」⇒「ビジネス会話」というのが暗黙のうちに了解されている公式ともいえる。

　そして前述したようにスモールトークの切り出しは、「褒めること」から始まる。「何を話していいかわからない」という人は、何かを褒めることから会話を始めてみてはどうだろうか。研究によると、ビジネス会話での沈黙は、2秒が限界とされている。2秒以上の沈黙を生まないためにも、褒めること、そしてそれを発展させることを意識して会話をすることが大切だ。

実践練習　　　　　　　　　　　　TR 33

スモールトークでよく使う褒める表現の練習をしてみよう。CDの音声には赤字部分の後に短いポーズが入っているので、後について、リピートしてほしい。🗨マークの部分は最後の練習問題でもう一度復習しよう。

1 天気を褒める

🗨 **What a beautiful day today!**　　　≫≫ビート板①

なんて素晴らしい天気でしょう。

2 天気を褒めた人に切り返す

We have many clear days in winter in this part of Japan. I always enjoy walking on weekends. What about your country?

日本でもこの地域は、冬は快晴の日が多いです。私もいつも週末に歩くのが楽しみです。あなたの国ではどうですか。

スモールトークの話題として最も無難なもののひとつが天気だ。とはいえ、相手から「いい天気ですね」と言われて、自分が切り返すとなると、困ってしまう人も多いかもしれない。そんなときは、上のような返し方をまず覚え、それを応用していけばよい。

Part 2 人と出会う ≫ Unit 3 スモールトークを活用しよう

3 持物を褒める

You've got a nice laptop.
いいノートブック・パソコンを持っていますね。

That's a new tablet PC, isn't it?
それ、新しいタブレット型 PC じゃないですか。

4 持物を褒めた人に切り返す

It's light and handy. I always take this when I travel abroad.
これは軽くて、便利なんですよ。いつも外国に行くときは持って行きます。

相手に褒められたときは、どう切り返せばいいのだろうか。いろいろなパターンで練習を積んで、「反応のよい人」という印象を与えられるようになろう。切り返し方はいろいろあるが、たとえば、物が話題になったときには、その性能について触れたり、買ったほうがいいとすすめたりすることもできる。

> ● Oh yeah. I bought it a few days ago. And, it's much better than the previous one because it's lighter and the battery lasts longer. You should get one.
> （そうです。数日前に買ったんですけど。以前のものよりもはるかに良いですよ。軽くて、バッテリーも長持ちするようになりましたしね。購入されてみてはいかがですか）

5 髪型や服装を褒める

Did you get your hair cut? I like your new hairstyle.
髪を切ったのですか。その新しいヘアスタイルも素敵ですね。

🗨 **I really like your jacket, Alexander.** ≫ビート板②
あなたのジャケット、本当に素敵です、アレクサンダー。

6 髪型や服装を褒めた人に切り返す

🗨 **Oh, this was a present from my wife for our fifth wedding anniversary.** ≫ビート板③
ああ、これは妻からの結婚5周年のプレゼントなんですよ。

何かを褒めるときのコツは、それが会話のきっかけになるようにするということだ。たとえば、あなたのビジネスパートナーのアレクサンダーが、いつもおしゃれな服装をしていて、特にジャケットにはかなりのこだわりがあるように感じたとする。その場合は、上のようにジャケットを褒めて水を向けることで、そのジャケットについて、いろいろなことを語ってもらえるはずだ。人により、何を褒められるとうれしいのかは異なる。相手をよく観察して切り口をつかむことができれば、心理的な距離がぐっと縮まり、仕事の話もより円滑に進められるはずだ。

Part 2 人と出会う >>> Unit 3 スモールトークを活用しよう

書き込み式　ビジネス英語のビート板

この Unit で学んだことは、いわば水泳のビート板。ほんの少しだけビート板に頼りつつも、自分の力でビジネス英語の海を泳いでみよう。まず、本書で覚えた表現を下線部に書き入れて、記憶を定着させよう。それができるようになったら、自分ならどう言うか、本文を参考にして、自分なりの表現を書き出してみるとよいだろう。

ビート板 ① 天気を褒める

なんて素晴らしい天気でしょう。

ビート板 ② 髪型や服装を褒める

あなたのジャケット、本当に素敵です、アレクサンダー。

ビート板 ③ 髪型や服装を褒めた人に切り返す

ああ、これは妻からの結婚 5 周年のプレゼントなんですよ。

Part 2　人と出会う

Unit 4　ビジネスランチで親交を深めよう

ユニットの狙い 1　グローバルマインドセット

"　**仕事の話は食事の後で**　"

国際ビジネスでは、ビジネスランチやビジネスブレクファストに誘われることが少なくない。まずはスモールトークで打ち解けよう。仕事の話はその後で十分。

ユニットの狙い 2　発信力

"　**興味を示し、共感する**　"

人間関係を深めるために、相手に興味を持ち、共感を示すひと言を加えよう。

Günter: The party is going to be held in the banquet room of this hotel. We're inviting around 200 people.
（パーティはこのホテルのバンケットルームで開かれます。200人ぐらい招待するんですよ）

You: Uh, by the way, you're not satisfied with our proposed cost.
（そうですか。ところで、こちらの提示したコストに満足されていないということですが）

好印象 ➡ That will be a **big** party. Sounds exciting.
（それは**大きな**パーティになりますね。わくわくしますね）

これだけは覚えたい！このユニットのセンテンス ベスト5　　TR 34

このユニットで扱う表現で、ぜひ覚えておきたい表現は以下のとおり。このまま使えるよう CD の音声の後に、声に出して繰り返してみよう。

1 批判せずに受け入れる

- **Yes, indeed.**
  （本当にそうですよね）

- **Me, too.**
  （私もですよ）

2 相手の言いたいことを代弁する

＜200人を呼ぶパーティを開くと言った相手に＞

- **That will be a big party.**
  （それは大きなパーティになりますね）

＜会えてうれしいと言った相手に＞

- **I've been looking forward to meeting you ever since our first e-mail exchange.**
  （最初にメール交換をしたときから、ずっとお会いしたいと思っていました）

3 質問して関心を示す

- **How long have you been in business in Singapore?**
  （シンガポールでビジネスを始めてどのくらいになりますか）

ビジネスランチの目的を考えてみる

Q 下の赤い文字の部分はなぜまずいのでしょうか。

ギュンター：夢子、あなたと初めて会ったなんて信じられない。

夢子：本当ですよね、ギュンター。

ギュンター：ほとんど毎日メールを交換していましたからね。名前と顔が一致するのはいいですね。そうそう、これは会社の記念パーティの招待状です。シンガポールでビジネスを始めて10年になるんですよ。

夢子：それはどうもありがとう、ギュンター。

ギュンター：パーティはこのホテルのバンケットルームで行います。200人ぐらい招待するんですよ。

夢子：そうですか。ところで、こちらの提示したコストに満足されていないとのことですが。実はコストを下げる方法はいくつかあるんです。

ギュンター：夢子、スープが冷めますよ。そのことは昼食の後でお話ししましょう。実はあなたはいい選択をしたんです。ここのレストランのラムチョップがとてもおいしいって、どうして知っていたのですか。

A

　ギュンターの話した彼の会社の10周年記念パーティの話題に夢子は関心を示していないうえ、いきなり仕事の話に入ろうとしている点がまずい。
　ビジネスランチやビジネスブレックファストは、国際ビジネスにはつきものだ。世界の多くの地域では、仕事関係の人と夜に飲みに行くことはせず、夜は家族と一緒に過ごすほうが一般的だ。そうなると、必然的に仕事絡みの食事は、昼食か朝食ということになる。
　ただし、ビジネスランチやブレックファストに誘われるということは、相

Part 2 人と出会う ≫ Unit 4 ビジネスランチで親交を深めよう

異文化対応ポイント
1. 仕事の話は食事の後で
2. 興味を示し、共感する

英語ではこんな表現を使っています！

Günter: Yumeko, it's hard to believe that this is the first time we've met.

Yumeko: Yes, indeed, Günter.

Günter: We've been exchanging e-mails almost every day. It's nice to finally put a face to your name. Oh, here's an invitation to our company's anniversary party. We've been in business in Singapore for 10 years.

Yumeko: Oh, thank you very much, Günter.

Günter: The party is going to be held in the banquet room of this hotel. We're inviting around 200 people.

Yumeko: Uh, by the way, you're not satisfied with our proposed cost. In fact, there are several ways we could reduce the cost.

Günter: Yumeko, your soup is getting cold. Let's talk about it after lunch. As a matter of fact, you made a good choice. How did you know that this restaurant serves really good lamb chops?

手との人間関係がまだ十分にできていないことを意味する。仕事の話は会議室でもできるのに、なぜ食事を一緒にするのかを考えてみよう。食事をしながらリラックスして話す方が、よい人間関係ができると思われているからである。日本のビジネス社会における、取引先と飲みにいくという感じに近いと考えてもいい。飲みに行った場合、もちろん仕事の話もするが、最初からするわけではなく、お酒が入り、打ち解けてきてからするのが普通ではないだろうか。朝食や昼食の場合も同じなのだ。

食事の間、雑談を盛り上げる

Q 下の赤い文字の部分はなぜ見習うべきなのでしょうか。　TR 35/36

Günter: Yumeko, it's hard to believe that this is the first time we've met.

Yumeko: Yes, indeed, Günter. We've been exchanging e-mails almost every day but this is the first time we've met face to face.

Günter: It's nice to finally put a face to your name. Oh, here's an invitation to our company's anniversary party.

Yumeko: Your company's anniversary party! Oh, thank you very much, Günter. How long have you been in business in Singapore?

Günter: Ten years. We were one of the first German companies in Singapore in our business.

Yumeko: And your business has been expanding fast.

Günter: Fortunately yes. Oh, by the way the party is going to be held in the banquet room of this hotel. We're inviting around 200 people.

Yumeko: That will be a big party. Sounds exciting.

A

　夢子が、ギュンターの持ち出した10周年パーティの話題に関心を示し、会話が弾むよう努めている点を見習いたい。

　Part2のUnit 3に続いて、ここでも人間関係構築のための雑談の重要性を述べておこう。ヨーロッパの企業を研究し続けた社会学者は、「スモールトークとは組織の血液だ」と述べている。まさにそのとおりであり、スモールトークはビジネスで結果を出すために、とても重要だ。

　では仕事の話への切り替えは、どのタイミングですればいいのだろうか。

Part 2 人と出会う >>> Unit 4 ビジネスランチで親交を深めよう

異文化対応ポイント

1. 仕事の話は食事の後で
2. 興味を示し、共感する

日本語訳はこうなります!

ギュンター：夢子、あなたと初めて会ったなんて信じられない。

夢子：本当ですよね、ギュンター。ほとんど毎日メールを交換していましたから。なのに顔を合わせるのは、今日が初めてなんですよね。

ギュンター：ついに名前と顔が一致して、うれしいです。そうそう、これはわが社の周年記念パーティの招待状です。

夢子：御社の周年記念パーティですか！　これは、どうもありがとう、ギュンター。シンガポールでビジネスを始めてどのくらいになりますか？

ギュンター：10年になるんですよ。この業界で我が社は、シンガポールに来た最初のドイツ企業のひとつだったのです。

夢子：そして、事業は急速に拡大していますね。

ギュンター：幸いなことに、そうですね。そうそう、パーティはこのホテルのバンケットルームで開かれます。200人ぐらい招待するんです。

夢子：それは大きなパーティになりますね。わくわくしますね。

注　expanding: 拡大している

　たいていは、相手の人柄が大よそわかり、ある程度の信頼関係を築くことができたと判断したとき、すなわち食事の後になる場合が多い。

　きっかけになるのは、Let's get down to business.（では仕事の話に入りましょうか）といった発言だ。そして、皿が片付けられたテーブルの上に書類を並べて、仕事の話を始めることになる。

　会話例中、赤字で示した夢子の発言は、実はいくつかのスキルを使っている。次ページでそれを練習してみよう。

実践練習　TR 37

スモールトークをうまく続けるための表現の練習をしてみよう。CDの音声には赤字部分の後に短いポーズが入っているので、後について、リピートしてほしい。🔖マークの部分は最後の練習問題でもう一度復習しよう。

1 相手を素直に受け入れる

Günter: It's hard to believe that this is the first time we've met.
You: Yes, indeed, Günter. We've been exchanging e-mails almost every day, but this is the first time we've met face to face.

ギュンター：夢子、あなたと初めてあったなんて信じられない。
あなた：本当にそうですよね、ギュンター。ほとんど毎日メールを交換していましたから。なのに顔を合わせるのは、今日が初めてなんですよね。

Jason: I feel like we have known each other for a long time.
🔖 **You: Me too. I still can't believe that this is the first time we've met.** 　≫≫ビート板①

ジェーソン：あなたとはずっと前から知っていたような気がします。
あなた：私もですよ。今日初めてお会いしたなんて、まだ信じられません。

> 初めて会った気がしないという言い方を相手がしたときには、それをしっかり受け入れて同調した反応を示そう。自分の気持ちが通じたと相手は感じて、親しみを持ってくれるはずである。

2 相手の言いたいことを代弁する

Günter: Oh, by the way the party is going to be held in the banquet room of this hotel. We're inviting around 200 people.

You: That will be a big party. Sounds exciting.

>>> ビート板②

ギュンター：そうそう、パーティはこのホテルのバンケットルームで開かれます。200人ぐらい招待するんですよ。
あなた：それは大きなパーティになりますね。わくわくしますね。

Jason: You must be Ms. Ryoko Yamamoto. I'm Jason McEvoy. I'm very pleased to meet you.

You: Yes, indeed. I've been looking forward to meeting you ever since our first e-mail exchange.

ジェーソン：山本良子さんですね。ジェーソン・マキーヴォイです。お会いできてうれしいです。
あなた：本当にそうですね。最初にメール交換をしたときから、ずっとお会いしたいと思っていました。

1つ目の例文は、「200人」という発言から、相手が「大きなパーティだ」と言いたいことを察し、**That will be a big party.**（それは大きなパーティになりますね）と代弁するようにして素直に受け入れている。相手は自分で自慢せずに済み、言いたいことを代わりに言ってもらい、よい気分になったはずだ。2つ目の例文は、相手の「会えてうれしい」という気持ちを代弁し、発言を単に繰り返すだけでなく、**ever since our first e-mail exchange**（最初のメール交換以来）などのような情報を加えているのもいい。

3 質問して関心を示す

Günter: Oh, here's an invitation to our company's anniversary party.

You: Your company's anniversary party! Oh, thank you very much, Günter. How long have you been in business in Singapore? >>>ビート板③

ギュンター：そういえば、これはわが社の周年記念パーティの招待状です。
あなた：御社の周年記念パーティですか。これは、どうもありがとう、ギュンター。シンガポールでビジネスを始めてどのくらいになりますか。

ギュンターの話題、自社の周年記念パーティの話に関心を寄せて、シンガポールでビジネスを始めて何年になるかと尋ねている。自社に関心を示してくれたあなたに対して、ギュンターが悪い気がするはずはないだろう。

Part 2 人と出会う ≫ Unit 4 ビジネスランチで親交を深めよう

書き込み式　ビジネス英語のビート板

このUnitで学んだことは、いわば水泳のビート板。ほんの少しだけビート板に頼りつつも、自分の力でビジネス英語の海を泳いでみよう。まず、本書で覚えた表現を下線部に書き入れて、記憶を定着させよう。それができるようになったら、自分ならどう言うか、本文を参考にして、自分なりの表現を書き出してみるとよいだろう。

ビート板 ① 相手を素直に受け入れる

Jason: I feel like we have known each other for a long time.

あなた：私もですよ。今日初めてお会いしたなんて、まだ信じられません。

ビート板 ② 相手の言いたいことを代弁する

Günter: Oh, by the way the party is going to be held in the banquet room of this hotel. We're inviting around 200 people.

あなた：それは大きなパーティになりますね。わくわくしますね。

ビート板 ③ 質問して関心を示す

Günter: Oh, here's an invitation to our company's anniversary party.

あなた：御社の周年記念パーティですか。これは、どうもありがとう、ギュンター。シンガポールでビジネスを始めてどのくらいになりますか。

101

Part 2　人と出会う

Unit 5　職務権限を見極めよう

ユニットの狙い　1　グローバルマインドセット

> **相手側の上下関係に配慮する**

誰が決定権を持っているのか、相手の上下関係をちょっとした会話などから把握し、上位者を立てる配慮が必要だ。

ユニットの狙い　2　発信力

> **職務権限と上下関係を明らかにする**

上下関係が肩書だけではわからない場合、直接尋ね、自分の職責も明示しよう。

Mr. Funami was very impressed with the package. **He**'s interested in further technological details.
（**船見**はそのパッケージにとても感銘を受けた**ようです**。さらに詳しい技術情報に関心がある**ということでした**）

【好印象】　**I**'m responsible for the vendor selection for the upcoming project. **I**'ll be happy to hear your proposal.
（**私**は今回のプロジェクトの、納入業者選択の責任者です。御社のご提案をぜひお聞かせください）

これだけは覚えたい！このユニットのセンテンス ベスト5　TR 38

このユニットで扱う表現で、ぜひ覚えておきたい表現は以下のとおり。このまま使えるようCDの音声の後に、声に出して繰り返してみよう。

1 職責を定義する

- **I plan, organize, direct and control my sales staff to meet the objectives of my group.**
  （自分のグループに与えられた目標を達成するために、計画を立て、組織を作り、部下の指揮と管理をしています）

- **I'm responsible for recruiting and hiring employees for the entire company.**
  （全社の社員の募集と採用を受け持っています）

2 職責や上下関係を尋ねる

- **What are you in charge of?**
  （あなたは何の責任者ですか）

- **What do your job responsibilities include?**
  （あなたの職責には何が含まれますか）

- **Does Mr. Smith report to you?**
  （スミス氏はあなたの部下ですか）

自分の職責を伝え、相手の職責を尋ねる

Q 下の赤い文字の部分はなぜまずいのでしょうか。

大原：申し訳ありません。船見は急な出張に出てしまっておりまして。

アリス：そういうことはあり得ることですから。私の出張もたいてい突然決まります。マリリンは人使いが荒いので。

ドイル：大原さん、私たちは新しいパッケージの提案に来ました。

アリス：数日前にお送りしたDVDは、もうご覧になられましたか。

大原：ええ、船見はそのパッケージにとても感銘を受けたようです。さらに詳しい技術情報に関心があるということでした。

ドイル：それもあって、こちらに伺ったのです。よろしければ、パッケージのいくつかの技術的側面について、プレゼンテーションをします。

大原：（書類を見ている）

アリス：もちろんご要望によっては我が社の技術者が、個々の特定の技術について説明もいたします。

大原：（アリスに対して）まずは価格に関して合意する必要がありますね。その点が我々にとって問題のように思われます。

A

上司である女性のドイル氏を無視し、その部下で男性のアリス氏と話をする形になっている点、自分が副社長の代理で決定権がないような話し方になっている点の2つが問題。

国際ビジネスでは、さまざまな文化的な背景を持った人たちと英語を使って話す必要がある。現在は、南米、アフリカ、中東のような、欧米以外の国でも欧米風のトップダウン型経営が行われていることが多い。そんな中では、Marilyn's a demanding boss.（マリリン［・ドイル］は人使いの荒い上司だ）

異文化対応ポイント

1. 相手側の上下関係に配慮する
2. 職務権限と上下関係を尋ねる

英語ではこんな表現を使っています！

Ohara: I'm sorry, Mr. Funami's left on an urgent business trip.

Ariss: That happens. Most of my trips are also decided suddenly. Marilyn's a demanding boss.

Doyle: Mr. Ohara, we came to propose our package.

Ariss: Have you wathced the DVD we sent a couple of days ago, yet?

Ohara: Yes. **Mr. Funami was very impressed with the package. He's interested in further technological details.**

Doyle: That's one of the reasons we came here. We'd be happy to give you a presentation of several technological aspects of the package.

Ohara: （書類を見ている）

Ariss: Of course, our engineers will explain specific technologies upon request.

Ohara: （アリスに対して）But first we need to agree to the cost. This is an issue for us.

のような、ちょっとした会話から相手側の職務階級上の上下関係をつかみ、誰を中心に交渉をすべきか考えながら話すことが重要だ。

　ところで大原氏は、ドイルではなく男性のアリスに対して話をしようとしている。この場合、ドイルが女性ゆえに差別されたと感じる可能性もある。

　また大原氏も、部長という職責を明確に伝えていない。会話例のような発言は、あくまで船見副社長が責任者であり、自分には職責上の意思決定権はほとんどないと言っていることになってしまうのだ。

質問と確認で、職責や上下関係を把握する

Q 下の赤い文字の部分はなぜ見習うべきなのでしょうか。　◎ TR 39/40

Ohara: **I'm responsible for vendor selection for the upcoming project.** I'll be happy to hear your proposal.

Doyle: We're delighted to have this opportunity to talk to you.

Ohara: **So, Ms. Doyle, your responsibilities cover sales in the Asia-Pacific region?**

Doyle: Yes. The Asia-Pacific region includes North and South America, East and Southeast Asia, and Oceania.

Ariss: And I'm in charge of East Asian sales, working under the supervision of Ms. Doyle.

Doyle: We'd be happy to give you a presentation of several technological aspects of the package as well as cost details.

Ariss: Of course, our engineers will explain specific technologies upon request.

Ohara: Let me ask you a few questions about the cost first then. What does the proposed cost include?

A

　納入業者の選択の権限が自分にあることを明確に伝えている点、相手側の上司と思われる人物に、その職責を確認している点を見習いたい。

　前述したように、現在世界の多くの地域では欧米風、とりわけアメリカ型の経営が行われている。特に大企業では、意志決定はトップダウンが大半。それゆえ、誰がトップなのかを把握することは、対外的な交渉においてとても重要だ。

　日本の感覚では抵抗があるかもしれないが、What are your responsibilities?

Part 2 人と出会う ≫ Unit 5 職務権限を見極めよう

異文化対応ポイント

1. 相手側の上下関係に配慮する
2. 職務権限と上下関係を尋ねる

日本語訳はこうなります！

大原：私は今回のプロジェクトの、納入業者選択の責任者です。御社のご提案をぜひお聞かせください。

ドイル：お話できる機会をいただいて、とてもうれしく存じます。

大原：そうするとドイルさん、あなたはアジア太平洋地域の営業を統括されているのですね。

ドイル：そうです、アジア太平洋地域は南北アメリカと東アジア、東南アジアそれにオセアニアを含みます。

アリス：そして私はドイルの下で東アジアの営業を担当しています。

ドイル：コストの詳細だけでなく、新しいパッケージの技術的ないくつかの面についても、ぜひプレゼンテーションをさせてください。

アリス：もちろんご要望に応じて、我々の技術者が、特定の技術に関してもご説明いたします。

大原：最初にコストに関して、いくつか質問させていただけますか。ご提案のコストには何が含まれているのでしょうか。

注　vendor selection: 業者の選択　under the supervision of...: ……の管理のもとで

（あなたの職責は何ですか）という聞き方をしても、あまり失礼にはならない。また、たとえば会話例で言えば、ドイルと二人で話しているときにはもう少し直接的に、So, does Mr. Ariss report to you?（そうするとアリスさんは部下なのですね）、What do Mr. Ariss' responsibilities include?（アリスさんの職責にはどんなものが含まれますか）という聞き方もできる。

　また、アメリカ型企業の副社長は、日本企業の部長レベルであることも多い。相手が副社長だからと言って、こちらも常に副社長が対応する必要はない。

実践練習

◎ TR 41

職責に関する表現の練習をしてみよう。CDの音声には赤字部分の後に短いポーズが入っているので、後について、リピートしてほしい。🔖マークの部分は最後の練習問題でもう一度復習しよう。

1 職責を定義する (1)

I'm investor relations director. I'm a marketing and communications professional. I communicate company news to shareholders.

IR担当の取締役をしています。私はマーケティングとコミュニケーションの専門家です。企業情報を株主に伝えています。

I'm one of the five human resource managers. I'm responsible for recruiting and hiring employees for the entire company.

私は5人いる人事部のマネージャーのひとりです。全社の社員の募集と採用を受け持っています。

外国企業は部署単位で採用活動を行うことが多いので、日本企業の人事部で採用担当をしている人は、**for the entire company**（全社のために）と付け加えるとよいだろう。

1 職責を定義する (2)

As Chief Information Officer, I propose the information technology that our company will need to achieve its goals. Then I work within a budget to implement a plan to achieve them.

CIOとして、我が社が目標を達成するのに必要となるITの導入を提案しています。そのうえで、予算内でその計画を実行していくのが私の仕事です。

I'm a sales manager in charge of the Tokai area. I plan, organize, direct and control my sales staff to meet the objectives of my group.

東海地区の営業マネージャーをしています。自分のグループに与えられた目標を達成するために、計画を立て、組織を作り、部下の指揮と管理をしています。

As a procurement manager, my responsibilities include developing and implementing all the purchasing policies and procedures.

調達担当マネージャーとして、すべての購買方針と手続きをより効率的なものに向上させ、それを実施するのが私の仕事です。

職責を説明する際には、be responsible for ...（～に対して責任がある）だけでなく、my responsibilities include ...（私の職責には……が含まれる）が便利だ。achieve one's goals（目標を達成する）、implement（実行する）、meet the objectives（[しばしば長期的な] 目的を達成する）、といった表現も覚えておこう。

2 職責や上下関係を尋ねる

🍃 **What are you in charge of?** 　　　　　　　　　》》ビート板①
あなたは何の責任者ですか。

🍃 **What do your job responsibilities include?** 　》》ビート板②
あなたの職責には何が含まれますか。

🍃 **Does Mr. Smith report to you?** 　　　　　　　》》ビート板③
スミス氏はあなたの部下ですか。

> 職責は上記以外にも次のように尋ねることができる。
>
> ▶ **Are you in charge of ...?**
> 　（あなたは……の責任者ですか）
>
> ▶ **May I ask what your responsibilities are?**
> 　（あなたの職責を伺ってよろしいですか）

書き込み式　ビジネス英語のビート板

このUnitで学んだことは、いわば水泳のビート板。ほんの少しだけビート板に頼りつつも、自分の力でビジネス英語の海を泳いでみよう。まず、本書で覚えた表現を下線部に書き入れて、記憶を定着させよう。それができるようになったら、自分ならどう言うか、本文を参考にして、自分なりの表現を書き出してみるとよいだろう。

ビート板 ① 職責を尋ねる

あなたは何の責任者ですか。

ビート板 ② 職責を尋ねる

あなたの職責には何が含まれますか。

ビート板 ③ 上下関係を尋ねる

スミス氏はあなたの部下ですか。

Column　コラム②

時代が変われば
文化も変わる

　Part 2 の Unit 3「スモールトークを活用しよう」では、褒められたときにはどのように返答したらいいかを解説した。英語では「いえ、そんなことはありません」と謙そんすると、会話はそこで止まってしまうのだ。では、同じアジア人、たとえば中国人とのビジネスでは同じことが言えるだろうか。

　実は、かつては中国人も日本人と同じように、褒められると自然に謙そんする人が多かった。1990年代の研究では、多くの中国人が褒められると謙そんしているというデータがある。私も20代の初めにスペインの大学にいたころ、国費留学で同じ大学に来ていたスペイン語の流暢な中国人に「スペイン語がすごくうまいですね」と言ったことがある。返ってきたのは「わたしのスペイン語なんかまったくだめですよ」という謙そんで、ちょっと驚いた記憶がある。30年前のことだ。

　しかし最近の研究によると、若い中国人は褒められても謙そんしない人が多くなってきたという。その研究者は、変化の原因のひとつとしてアメリカ文化の中国文化への影響を挙げている。多くの中国系アメリカ人が中国に戻り、中国人がアメリカ文化に触れる機会も増えているようだ。さらにもう一つの理由として挙げているのが「一人っ子政策」だ。一人っ子は両親に大事にされるので、褒められ慣れているということらしい。

　文化の違いといわれるものが、いつまでも同じような違いであり続けるとは思わないほうがいいようだ。

Part 3
上司や部下との会話

Part 3 上司や部下との会話

Unit 1 気持ちのいい依頼をしよう

ユニットの狙い 1　グローバルマインドセット

" **依頼するときは相手の立場を尊重する** "

適切な仕事の指示や依頼のし方は、相手との距離の取り方において、英語と日本語ではやや異なることを知っておこう。

ユニットの狙い 2　発信力

" **選択の余地を残した言い方をする** "

相手が No と言える余地のある疑問文での依頼は、丁寧な印象を与える。

Please copy this market forecast.
（この市場予測をコピーしてください）

I'd like you to copy this market forecast.
（この市場予測をコピーしてほしいのです）

好印象 → Will you copy this market forecast?
（この市場予測をコピーしてもらえますか）

Can you copy this market forecast?
（この市場予測をコピーしてもらえますか）

Part 3 上司や部下との会話 >>> Unit 1 気持ちのいい依頼をしよう

これだけは覚えたい！このユニットのセンテンス　ベスト5　　TR 42

このユニットで扱う表現で、ぜひ覚えておきたい表現は以下のとおり。このまま使えるよう CD の音声の後に、声に出して繰り返してみよう。

1　相手に選択の余地を与えて依頼する

- **Will you copy this market forecast for the meeting participants?**
  (この市場予測を会議の参加者のためにコピーしておいてくれますか)

- **Do you want to help me translate this document into English?**
  (この文書を英訳するのを手伝ってくれますか)

2　婉曲に依頼する

- **I wonder if you could help me translate this document into English.**
  (この文章を英訳するのを手伝っていただけないかと思っています)

3　相手の自主性を尊重して依頼する

- **I suggest that you get to the room at least 15 minutes before the meeting starts.**
  (遅くても会議開始の15分前には、部屋に来ているほうがいいね)

- **You might want to dress formally for tomorrow's meeting.**
  (明日の会議には、フォーマルな服装をしてきたほうがいいかもしれないね)

丁寧に言ったつもりでも傲慢に聞こえる

Q 下の赤い文字の部分はなぜまずいのでしょうか。

遠藤公平は新入社員のエディット・コントラと会議の準備をしている。

公平：エディット、この市場予想をコピーしてください。

エディット：何枚しますか。

公平：出席依頼をいくつ送りました？

エディット：20 ぐらいかしら。

公平：だったら 20 枚になるね。このコピーは会議の出席者全員に配るものだということ、知っていなければね。

エディット：あ、もちろんです。そのことについて、考えてませんでした。わかりました。

公平：エディット、それから……

エディット：はい。

公平：かならず時間どおりにオフィスに来るようにしてもらえないかな。会議に遅れないようにしてくださいね。

A

　命令の形で依頼をし、義務としてのニュアンスを含めたアドバイスをしている点は改善すべきだろう。

　日本語では丁寧な言い方の「していただきたい」を直訳した、Please ... や I'd like you to ...、「しなくてはならないのです」の直訳の You must や You should という表現は、実はとても強制的に聞こえる。

　英語で依頼する場合、相手が No と答えることもできるよう Could you ...?、Would you ...? といった、疑問文を使うのが普通だ。アドバイスをする場合

Part 3 上司や部下との会話 »> Unit 1 気持ちのいい依頼をしよう

> **異文化対応ポイント**
> 1. 依頼するときは相手の立場を尊重する
> 2. 選択の余地を残した言い方をする

英語ではこんな表現を使っています！

Kohei: Edit, please copy this market forecast.
Edit: How many copies do you want?
Kohei: How many invitations did you send?
Edit: Around 20.
Kohei: Then we need 20 copies, right? You should know that these copies are for everyone at the meeting.
Edit: Oh, of course. I didn't think about it. OK.
Kohei: And, Edit ...
Edit: Yes.
Kohei: I'd like you to make sure you come to the office on time. You must not be late for the meeting.

注　marketing forecast: 市場予想　invitation: 招待状、出席依頼状　handout: 配布資料

には、主語に We を使い、need (to) を must や should の代わりに使うことで、丁寧な気持ちが伝わる。

　ただし、例外もある。Take it easy.（気楽に行こう）、Never mind.（気にしないで）、Go on.（続けてください）、Have a cup of coffee.（コーヒーでも飲んで）といった表現だ。相手への好意に基づく指示であることが明確である場合は、このように please も付けない命令文が好まれる。より親しみを感じさせるからだろう。

名前や呼び方を確認し、自分の職責を伝える

Q 下の赤い文字の部分はなぜ見習うべきなのでしょうか。　◎ TR 43/44

Kohei: Edit, will you copy this market forecast for the meeting participants?

Edit: That means we need around 20 copies.

Kohei: Right, and I suggest that you get to the room at least 15 minutes before the meeting starts. We need to make sure that the projector and speaker are working OK.

Edit: All right. I'll come earlier. Anything else?

Kohei: You might want to dress formally for tomorrow's meeting.

Edit: Yeah, I'll have to—there'll be some high-status people in the meeting.

A

　Yes-No 疑問文を使って、従うかどうかの判断を相手に委ねるような依頼のし方や、相手の自主性を尊重した依頼のし方をしている点、なぜそうして欲しいか理由を説明している点を見習いたい。

　部下への依頼であっても、その仕事の目的や、依頼した理由を説明することで部下の気持ちが変わってくる。仕事の目的など説明しなくても、部下はそれを「察し」なくてはならないという考え方は、英語を使った仕事では適切ではない。会話例では Will you copy this market forecast for the meeting

Part 3 上司や部下との会話 >>> Unit 1 気持ちのいい依頼をしよう

異文化対応ポイント

1. 依頼するときは相手の立場を尊重する
2. 選択の余地を残した言い方をする

日本語訳はこうなります！

公平：エディット、**この市場予測を会議の参加者のためにコピーしておいてくれますか。**

エディット：ということはだいたい 20 部必要ということですね。

公平：そのとおり。**それから遅くても会議開始の 15 分前には、部屋に来ているほうがいいね。プロジェクターやスピーカーがちゃんと動くか確認しないと。**

エディット：はい。早く来るようにします。ほかに何かありますか。

公平：**明日の会議には、フォーマルな服装をしてきたほうがいいかもしれないね。**

エディット：はい、そうする必要がありそうですね。偉い方が何人かお見えになりますし。

> 注　I suggest that ...:……したほうがいいと思う　get to the room: 部屋に到着する　you might want to ...:……してみたらどう？　dress formally: フォーマルな服装をする

participants? のように、コピーの目的が会議の出席者への配布であることを説明している。

また、I suggest that ... や You might want to ... を使うと、相手の自主性を尊重した依頼になる。

多くの職場では、ここで挙げたような依頼の表現を使うことが好ましい。ただし、警察や軍のように、上下関係がよりはっきりしていて、直接的な命令形が好まれる職場もある。

実践練習　　　　　　　　　　　　　◎ TR 45

上司や部下との会話で、すぐに使える、依頼の表現を練習してみよう。CDの音声には赤字部分の後に短いポーズが入っているので、後について、リピートしてほしい。

🔖 マークの部分は最後の練習問題でもう一度復習しよう。

1 相手に選択の余地を与えて依頼する

🔖 **Will you copy this market forecast for the meeting participants?**　　　》》ビート板①

この市場予測を会議の参加者のためにコピーしておいてくれますか。

Would you mind if I ask you to translate this document into English?

この文章の英訳をお願いしても差し支えないですか。

Do you want to help me translate this document into English?

この文書を英訳するのを（自ら進んで）手伝ってくれますか。

上の3つの依頼表現に共通しているのは、依頼を受けるか受けないかの判断が相手に委ねられているという点だ。3つ目の例文 Do you want to...? には、「自ら進んで／喜んでしてくれますか」というニュアンスがあり、丁寧な依頼をするのに適している。

2 婉曲に依頼する

I wonder if you could help me translate this document into English. 》》ビート板②

この文章を英訳するのを手伝っていただけないかと思っています。

I was wondering if you could help me translate this document into English.

この文章を英訳するのを手伝っていただけないかと思っていました。

> I wonder if ... の表現は、依頼内容を遠回しに伝えるのに効果的だ。I was wondering if ... とすると、さらに丁寧になる。これらの表現はまだ人間関係ができ上がり切っていない相手に対して使うと効果的だ。しかし、どんなときでも効果的というわけではなく、逆にこのような頼み方をしたことで、相手が断りづらくなってしまう場合もある。いずれにせよ、依頼をする際には、相手に対して十分過ぎるほどの配慮が必要だ。

3 相手の自主性を尊重して依頼する

🗨 **I suggest that you get to the room at least 15 minutes before the meeting starts.** ≫ビート板③
遅くても会議開始の 15 分前には、部屋に来ているほうがいいね。

You might want to dress formally for tomorrow's meeting.
明日の会議には、フォーマルな服装をしてきたほうがいいかもしれないね。

> 上に挙げた 2 つの表現は相手の自主性を尊重した依頼に適している。I suggest that ...、You might want to ... の形で覚えておけば、いろいろと応用が効く。たとえば、コピーを取ってもらいたいときなどには、I suggest that you copy this market forecast.／You might want to copy this market forecast. のように使うことができる。

Part 3 上司や部下との会話 >>> Unit 1 気持ちのいい依頼をしよう

書き込み式　ビジネス英語のビート板

この Unit で学んだことは、いわば水泳のビート板。ほんの少しだけビート板に頼りつつも、自分の力でビジネス英語の海を泳いでみよう。まず、本書で覚えた表現を下線部に書き入れて、記憶を定着させよう。それができるようになったら、自分ならどう言うか、本文を参考にして、自分なりの表現を書き出してみるとよいだろう。

ビート板 ① 相手に選択の余地を与えて依頼する

この市場予測を会議の参加者のためにコピーしておいてくれますか。

ビート板 ② 婉曲に依頼する

この文章を英訳するのを手伝っていただけないかと思っています。

ビート板 ③ 相手の自主性を尊重して依頼する

遅くても会議開始の 15 分前には、部屋に来ているほうがいいね。

Part 3　上司や部下との会話

Unit 2　説明を求め、理由を述べよう

ユニットの狙い　1　グローバルマインドセット

> ## 説明責任と言い訳を混同しない

日本人からすると、不都合なことが起こったときに謝りもしないで「言い訳」をしているように聞こえても、英語では「説明責任」を果たしていることがある。

ユニットの狙い　2　発信力

> ## 理由を述べて説明を求める

要求や提案が納得できないなら、その理由を述べて、説明を求める必要がある。

Why?
（なぜですか？）

好印象 Could you please explain ...?
（……を説明していただけますか）

I understand, but ...
（わかるけど……）

好印象 I'm not fully convinced that ...
（……ということにはまだ完全に納得できていないのですが）

Part 3 上司や部下との会話 >>> Unit 2 説明を求め、理由を述べよう

これだけは覚えたい！このユニットのセンテンス ベスト5　◎ TR 46

このユニットで扱う表現で、ぜひ覚えておきたい表現は以下のとおり。このまま使えるよう CD の音声の後に、声に出して繰り返してみよう。

1 さらに詳しい説明や別の説明を求める

- **Could you please explain why you think you need to postpone it?**
  (どうして延期せねばならないと考えているのか説明してもらえますか)

2 説明に納得できないと伝える

- **I'm not fully convinced yet.**
  (まだ完全には納得できていないのですが)

- **I'm not sure that you have convinced me.**
  (あなたのお話に納得できたかどうか、確信が持てません)

3 説明の途中で割り込んで確認する、代案を提示する

- **On that point, could you please explain in more detail?**
  (その点に関してだけど、もう少し詳しく説明してもらえますか)

- **Why don't you send them your proposal instead?**
  (代わりにプロポーザルを送ってみるのはどうですか)

納得できないなら「わかった」と言わない

Q 下の赤い文字の部分はなぜまずいのでしょうか。

エディットが申し訳なさそうな様子で公平のところに来た。

エディット：5分ぐらいいいですか。

公平：もちろん。

エディット：私のするプレゼンテーションのことだけど。延期する必要があるんです。

公平：でも、3人のマネージャーの出席の確認をしたばかりじゃないか。

エディット：ベンチマーキングのデータを処理していたんだけど、たった今、新製品情報を入手したんです。この情報で、私の提案に影響が出てしまいます。

公平：**わかるけど、**最新の情報は全部集めたって言ってたね。

エディット：わかってもらえて、ほっとしました。最新の情報を使うことが、経営陣にとっては大切ですよね。

公平：でも、ここで急に中止するのは、マネージャーたちによく思われないな。

A

　不用意にI understandと言ったばかりに、「自分のことを理解してもらえた。提案が認められた」と相手に誤解させてしまった点がまずい。

　プレゼンテーションの延期の申し出は、公平にとって迷惑であることを十分承知しているからこそ、エディットは一生懸命に理由を説明している。一方、公平は、エディットがほとんど謝りもしないで、言い訳ばかりして自己を正当化しようとしていると感じている。何より、新入社員のエディットのためにわざわざ管理職に声を掛け、プレゼンテーションの場を設けたのに、直前

Part 3 上司や部下との会話 >>> Unit 2 説明を求め、理由を述べよう

異文化対応ポイント
1. 説明責任と言い訳を混同しない
2. 理由を述べて説明を求める

英語ではこんな表現を使っています！

Edit: Can you spare five minutes?

Kohei: Of course.

Edit: It's about my presentation. I need to postpone it.

Kohei: But I've already confirmed that three managers will be attending it.

Edit: I've been working on benchmarking data, but I've just got some new product information. It may affect my proposal.

Kohei: **I understand**, but you said you had collected all the updated information.

Edit: I'm relieved that you understand. I think using the newest information is crucial for management.

Kohei: But, the managers won't like this sudden cancellation.

注 postpone: 延期する　benchmarking: ベンチマーキング（業界内の競合企業、優良企業、業界外の優良企業のパフォーマンスを尺度とし、自社のレベルを測定、優れた点を学ぶこと）

になって突然延期というのは失礼だというのが正直な気持ちだ。
　エディットのほうは、純粋に最善のプレゼンテーションをしたいと思っており、無理を承知で公平に延期を頼んだのだった。すると、公平は意外にもI understand.（わかった）と言ってくれた。エディットはそんな公平に感謝しているが、公平の明らかに不機嫌な様子が気にもなっている。

納得できないなら、代案を出す

Q 下の赤い文字の部分はなぜ見習うべきなのでしょうか。 ◎ TR 47/48

Edit: It's about my presentation. I need to postpone it.

Kohei: It wasn't easy scheduling the managers for your presentation, and it won't be easy canceling it either. Can you explain why you want to postpone it?

Edit: I've been working on benchmarking data, but I've just got some new product information. It may affect my proposal.

Kohei: I'm not convinced that we need to postpone the presentation. You can still present your findings. Then you can tell the audience about the competitor's new product info. Send them the necessary information later.

Edit: OK, I understand. I'll do my best then. Thanks for your advice.

A

　相手にきちんとした説明を求めている点、納得できないことについてはそうはっきりと述べている点、相手にも受け入れられやすい代案を出している点を見習いたい。

　相手が自分よりも上の立場でなければ、要求や提案が理不尽だと思ったときは、積極的にその理由を述べて、説明を求めよう。

　相手の説明に納得ができなければ、たとえ相手の言い分に理解を示したくても understand という表現は使うべきではない。率直に納得できないと伝

Part 3 上司や部下との会話 >>> Unit 2 説明を求め、理由を述べよう

異文化対応ポイント
1. 説明責任と言い訳を混同しない
2. 理由を述べて説明を求める

日本語訳はこうなります！

エディット：私のするプレゼンテーションのことですが、延期する必要があるんです。

公平：管理職の人たちの予定に、君のプレゼンテーションを入れるのは大変だったのだよ。キャンセルをするのも、同じくらい大変なんだ。**延期をしたい理由を説明してくれるかね。**

エディット：ベンチマーキングのデータを処理していたのですが、たった今、新製品情報を入手したんです。この情報で、私の提案に影響が出てしまいます。

公平：**だからといって、プレゼンテーションを延期するのに、私は納得できないね。君が見つけたことを示すことはできるのではないかね。その後で、競合の新製品情報について話せないかな。必要な情報は後で送ったらいい。**

エディット：わかりました。では、最善を尽くします。アドバイスありがとうございます。

注 either:（否定文に伴い）……も、また　I'm not convinced: 私は納得できない　audience: 聴衆

えよう。

　ビジネスにおいては、相手の希望を取り入れながら自分も納得できる案を出して、ともに解決策を探ることがとても重要だ。会話例では、You can ... という言い方をしているが、それ以外にも You could ...、You might want to ...、Why don't you ...? などといった表現が使える。

実践練習　　　　　　　　　　　　　　　TR 49

上司や部下との会話で、説明したり理由を述べたりする表現の練習をしてみよう。CDの音声には赤字部分の後に短いポーズが入っているので、後について、リピートしてほしい。🍃マークの部分は最後の練習問題でもう一度復習しよう。

1 さらに詳しい説明や別の説明を求める

🍃 **Could you please explain why you think you need to postpone it?**　　　》》ビート板①

どうして延期せねばならないと考えているのか説明してもらえますか。

I might need a different explanation than that.

それとは別の説明が必要かもしれません。

> 説明責任を果たすよう求める際には、疑問詞だけを用いてWhy?（なぜですか）、How?（どうするのですか）と尋ねるのが最も簡単だ。けれども、それでは相手に攻撃的な印象を与えてしまう危険がある。ビジネスの場面では、上記のように穏やかに尋ねる表現のほうが、汎用性が高い。また、mightを使うのも有効で、遠まわしで丁寧な印象を与えることができる。

2 説明に納得できないと伝える

🗨 I'm not fully convinced yet.
≫ビート板②

まだ完全には納得できていないのですが。

I'm not fully persuaded.
すべてを納得できているわけではありません。

I'm not sure that you have convinced me.
あなたのお話に納得できたかどうか、確信が持てません。

面と向かって、納得できないと伝えるのは勇気がいる。そんなときに効果的なのは、not fully convinced（完全には納得できない）という言い方だ。「あなたの話には理解できる部分もあるが、100 パーセント説得されたわけではありませんよ」というメッセージを伝えることができる。

3 説明の途中で割り込んで確認する、代案を提示する

🗨 **On that point, Edit, could you please explain in more detail?**　　　　　　　　　　　　　　　　≫≫ビート板③

その点に関してだけど、エディット、もう少し詳しく説明してもらえますか。

Why don't you send them your proposal instead?

代わりにプロポーザルを送ってみるのはどうですか。

If I were you, I would send them my proposal instead.

私がもしあなたなら、代わりにプロポーザルを送るでしょう。

　説明を求めるのは、相手の発言が終わった後だけとは限らない。むしろ、話の途中でさらなる情報の開示を求める必要が生じることも多い。相手がネイティブスピーカーで、早口でまくしたてられた場合などに、効果的なのが、まず on that point と言ってしまう方法だ。「直前の発言の一点に対して質問がある」というメッセージを伝えつつ、相手の発言をさえぎることができる。また、Edit と名前を差しはさむことで親しい感じを出すこともできる。

　納得できない場合は、代案を示すことが大切だ。その際、上記のような表現を使うと、押しつけがましくなく、相手の自主性に配慮している印象を与えることができる。

Part 3 上司や部下との会話 ≫ Unit 2 説明を求め、理由を述べよう

書き込み式　ビジネス英語のビート板

この Unit で学んだことは、いわば水泳のビート板。ほんの少しだけビート板に頼りつつも、自分の力でビジネス英語の海を泳いでみよう。まず、本書で覚えた表現を下線部に書き入れて、記憶を定着させよう。それができるようになったら、自分ならどう言うか、本文を参考にして、自分なりの表現を書き出してみるとよいだろう。

ビート板 ① さらに詳しい説明や別の説明を求める

どうして延期せねばならないと考えているのか説明してもらえますか。

ビート板 ② 説明に納得できないと伝える

まだ完全には納得できていないのですが。

ビート板 ③ 説明の途中で割り込んで確認する、代案を提示する

その点に関してだけど、エディット、もう少し詳しく説明してもらえますか。

Part 3　上司や部下との会話

Unit 3

相手に配慮しつつ反論しよう

ユニットの狙い　1　グローバルマインドセット

" **反論は優しく、丁寧に、はっきりと** "

反論する際には相手への配慮が必要。だが、日本人の感覚でいったん肯定してから否定に入ると、英語では反論しているのが伝わらないことがある。

ユニットの狙い　2　発信力

" **言いにくいことを言う前に緩衝材を置く** "

いきなり否定するのは NG。いったんは相手への配慮を示す必要がある。

I doubt it.
（そうじゃないと思う）

好印象 → Well, I doubt it.
（う〜ん、そうじゃないと思うけど）

But I think ...
（しかし、私の意見では……）

好印象 → Well, I'm not 100 percent sure, but ...
（自分が 100 パーセント確実と言うわけではないのだけど……）

Part 3 上司や部下との会話 >>> Unit 3 相手に配慮しつつ反論しよう

これだけは覚えたい！このユニットのセンテンス ベスト5　　TR 50

このユニットで扱う表現で、ぜひ覚えておきたい表現は以下のとおり。このまま使えるようCDの音声の後に、声に出して繰り返してみよう。

1 「ためらい」で反論をほのめかす

- **Well, actually, I think there are some alternatives.**
 （ええと、実際のところ、いくつか代替案があると思います）

- **Let me see. I think there are some alternatives.**
 （ええと、いくつか代替案があると思います）

2 反論する前に相手への理解を示す

- **I see your point, but I think there are some alternatives.**
 （おっしゃりたいことはわかりますが、いくつか代替案があると思います）

3 反論の前に緩衝材を置く

- **Well, I don't agree. The thing is, there are some alternatives.**
 （ええと、私は賛成できません。ひとつには、いくつか代替案があると思うからです）

- **Well, I'm not 100 percent sure, but there may be some alternatives.**
 （ええと、100パーセント確かというわけではありませんが、いくつか代替案があるかもしれません）

あいまいな言い方が相手を混乱させる

Q 下の赤い文字の部分はなぜまずいのでしょうか。

新入社員のエディットは製品開発の提案を考えており、公平に相談をした。

エディット：最近の親は子供たちのためにより多くのお金を使うようになったようなので、10代の女の子用の新しい製品ラインアップを開発すべきだと思うんです。実は製品についてアイデアがあって、明日、木場さんに提案したいと思っています。どう思いますか。

公平：新しいアイデアを提案するのはよいと思うね。でも、いきなり提案書を渡されても、木場さん、驚くのじゃないかな。

エディット：ということは、まずは木場さんに時間を取ってもらうのが先決ということですか。

公平：いい考えかもしれないが、木場さんはすでに新しい事業の立ち上げを検討しているようにも思えるね。

エディット：彼のアイデアを先に聞いたほうがいい、ということですか。

公平：それもひとつの手だね。でも、君に必要なのは……。

エディット：私のアイデアを彼に見せるべきか、そうでないか。どっちなんですか。

A

相手にわかるよう、はっきりと反対を表明していない点がまずい。「賛成してくれているものと思っていたのに、いつのまにか反対になっていた」「日本人と議論していると、本当に混乱する」という英語話者の意見は、まさにこの点が原因になっているとも言えるだろう。英語の議論では、相手の意見に反論や訂正をする場合、「緩衝材」を置くにしても、はっきりと反対の意思表示をしてから意見を述べることが多い。ところが日本語では、「そうですね」など同意の言葉を述べた後、「でも……」と反対意見を述べるのが普通だ。日

Part 3 上司や部下との会話 》》Unit 3 相手に配慮しつつ反論しよう

異文化対応ポイント
1. 反論は優しく、丁寧に、はっきりと
2. 言いにくいことを言う前に緩衝材を置く

英語ではこんな表現を使っています！

Edit: It seems that parents are spending more money on their children these days. We should develop a new line of products for teenage girls. In fact, I have an idea for a product that I want to propose to Kiba-san tomorrow. What do you think?

Kohei: It's good to propose new ideas. But Kiba-san'll be surprised if you just hand him a proposal all of a sudden.

Edit: So, do you think I should ask Kiba-san for an appointment first?

Kohei: Yes, it may be a good idea. But I think Kiba-san may already be thinking of launching a new business anyway.

Edit: So, do you think I should ask him about his new idea first?

Kohei: That might be an option. But you need to ...

Edit: Do you think I should see him about my idea or not?

注 a line of products: 新しい製品群　launch: 始める

　本語の感覚で、話の冒頭で肯定をしてしまうと、英語では論理が一貫していないように聞こえるのだ。上記の会話は、その象徴的な例になっている。エディットは、公平が賛成してくれたと思っていたのに、会話が続くうち、公平は賛成なのか反対なのかわからなくなってしまっている。

　もちろん、英語圏でもいきなり相手の意見を否定することは少ない。日本語の「そうですね」に相当する、緩衝材の表現があるのだ。このユニットではそのいくつかを紹介する。

優しく反論する

Q 下の赤い文字の部分はなぜ見習うべきなのでしょうか。　◎ TR 51/52

Edit: It seems that parents are spending more money on their children these days. We should develop a new line of products for teenage girls. I'm going to submit a proposal for a new product to Kiba-san tomorrow. What do you think?

Kohei: You can try. But, the thing is, you need to do some groundwork before you propose anything.

Edit: So do you think I should make a presentation to Kiba-san before I make any proposals?

Kohei: Not really. Before doing anything like that, why don't you talk with him informally first? Kiba-san might already have his own ideas.

Edit: But this seems the only way for us to grow fast.

Kohei: I'm not sure if your idea is the only solution. Maybe you should present your idea in detail to me first.

A

　若い社員のやる気に配慮をしつつも、優しく反論をしている点を見習いたい。積極的に提案をしてくれる社員のやる気は尊重すべきだ。「出る杭は打たれる」という状況にならないよう、上司は気を配る必要があるだろう。とはいえ、経験の少ない社員のアイデアは、必ずしも良いものとは限らない。不十分なところがあるのならば、反対意見を相手にしっかりと伝える必要がある。そのときに、No way.（馬鹿なことを言うな／だめに決まっているだろう）などと答えたのでは、「出る杭を打つ」ことになる。そうではなくて、そ

Part 3 上司や部下との会話 ≫ Unit 3 相手に配慮しつつ反論しよう

異文化対応ポイント

1. 反論は優しく、丁寧に、はっきりと
2. 言いにくいことを言う前に緩衝材を置く

日本語訳はこうなります！

エディット：最近の親は子供たちのためにより多くのお金を使うようになったようなので、10代の女の子用の新しい製品ラインナップを開発すべきだと思うんです。新製品の提案書を、明日、木場さんに出すつもりです。どう思いますか。

公平：やってみてもいいね。でも問題は、何を提案するにせよ、その前に、根回しをしておく必要があるということだね。

エディット：それは、提案書を作る前に、木場さんにプレゼンを聞いてもらう必要がある、ということですか。

公平：そうとは限らない。そういったことをする前に、まずは木場さんと非公式に話してみたらどうかな。彼には彼なりの考えが、すでにあるかもしれないし。

エディット：でも会社が速く成長していくためには、これ以外の方法はないように思えるんです。

公平：君の案が唯一の解決方法かどうかは、確信が持てない。たぶん、まず私にそのアイデアを詳しく説明してもらうのがよさそうだね。

注　groundwork: 根回し　informally: 非公式に

の後に反論が来ることをある程度予測させるような、優しい表現を使うとよい。たとえば次のような言い方だ。I see your point. But ...（君の言いたいポイントはわかる。だが……）。これはパターンとしてよく使われるため、聞き手も「ああ、この後、反論が来るな」と心の準備ができる。

また、会話例のように断定的に主張する相手に対しては、I'm not sure if ...（［君の主張するように］……であるかどうかは、確信が持てない）という言い方をすれば、反対しているという立場が明確にかつ優しく伝わる。

実践練習　　　◎ TR 53

上司や部下との会話で、反論するときに使える表現の練習をしてみよう。CD の音声には赤字部分の後に短いポーズが入っているので、後について、リピートしてほしい。
🗨 マークの部分は最後の練習問題でもう一度復習しよう。

1 「ためらい」で反論をほのめかす

David: I don't think there's any alternative.

🗨 **You: Well, actually, I think there are some alternatives.**

≫ビート板①

デビッド：代替案はないと思います。
あなた：ええと、実際のところ、いくつか代替案があると思います。

You: Let me see. I think there are some alternatives.

あなた：ええと、いくつか代替案があると思います。

You: Um... I think there are some alternatives.

あなた：あの……いくつか代替案があると思います。

反論をする前に、日本人はしばしば「沈黙」を用いて反論があることをほのめかす。だが、欧米式のビジネスでは沈黙は反論を示唆せず、むしろ相手とのやり取りに無責任な印象を与えてしまうことがある。沈黙ではなく、上で挙げた、ためらいを示す言葉を使って、後に反論が来ることをほのめかそう。

Part 3 上司や部下との会話 >>> Unit 3 相手に配慮しつつ反論しよう

2 反論する前に相手への理解を示す

David: I don't think there's any alternative.

You: I understand your point. However, in my opinion, there are some alternatives. >>>ビート板②

デビッド：代替案はないと思います。
あなた：おっしゃりたい要点はわかります。ですが、私の意見では、いくつか代替案があります。

You: I see your point, but I think there are some alternatives.

あなた：おっしゃりたい要点はわかりますが、いくつか代替案があると思います。

日本語では、反論を「しかし（but, however, nevertheless）」などの逆接を示す言葉から初める場合が多く、日本人は英語の議論でも同じことをしてしまいがちだ。だが、英語では、逆接の前にI understand your point.（おっしゃりたい要点はわかります）といった表現で、まずは相手への理解を限定的に示し、反論の前にワンクッション置くように心掛けよう。

3 反論の前に緩衝材を置く

David: I don't think there's any alternative.
You: **Well, I don't agree. The thing is, there are some alternatives.**

デビッド：代替案はないと思います。
あなた：ええと、私は賛成できません。本当のところ、いくつか代替案があると思うからです。

🚩 You: **Well, I'm not 100 percent sure, but there may be some alternatives.** 》》》ビート板③

あなた：ええと、100パーセント確かというわけではありませんが、いくつか代替案があるかもしれません。

気兼ねなく意見を言い合える相手なら、反論を示すI don't agreeのような言葉を先に述べるのもいい。ただ、その場合でも、the thing is、the point is、the issue isといった「緩衝材」を置くと、言い方が柔らかくなる。

反論するという行為によって、相手のメンツをつぶしてしまう可能性がある。それゆえ、自分の意見が100％正しい（相手の意見が100％間違っている）と言ってしまっては、ビジネス上の人間関係を悪くしてしまう可能性がかなり高い。そのようなときに、「100パーセント確かというわけではありませんが（I'm not 100% sure, but...）」といった言い方はとても効果的だ。

Part 3 上司や部下との会話 >>> Unit 3 相手に配慮しつつ反論しよう

書き込み式　ビジネス英語のビート板

この Unit で学んだことは、いわば水泳のビート板。ほんの少しだけビート板に頼りつつも、自分の力でビジネス英語の海を泳いでみよう。まず、本書で覚えた表現を下線部に書き入れて、記憶を定着させよう。それができるようになったら、自分ならどう言うか、本文を参考にして、自分なりの表現を書き出してみるとよいだろう。

ビート板 ① 「ためらい」で反論をほのめかす

David: I don't think there's any alternative.

あなた：ええと、実際のところ、いくつか代替案があると思います。

ビート板 ② 反論する前に相手への理解を示す

David: I don't think there's any alternative.

あなた：おっしゃりたい要点はわかります。ですが、私の意見では、いくつか代替案があります。

ビート板 ③ 反論の前に緩衝材を置く

David: I don't think there's any alternative.

あなた：ええと、100 パーセント確かというわけではありませんが、いくつか代替案があるかもしれません。

Part 3　上司や部下との会話

Unit 4　要点を明確にしよう

ユニットの狙い 1　グローバルマインドセット

" 相手を戸惑わせないよう結論を先に述べる "

日本語では理由や背景事情を説明してから結論を伝えることが多いが、英語で同じように話すと、要領を得ない印象を与えてしまう。

ユニットの狙い 2　発信力

" 要点を整理して話す "

要点を整理し分類する言い方を学ぼう。

Blackwell: Why have northern Japan sales stagnated?
（北日本の販売が低迷しているのはなぜですか）

You: Agriculture... rice growing, is the main industry there...
（農業、コメ作りがこの地域の主たる産業なのです……）

好印象

You: There are three reasons for this market shrink. One,... Two,... Three,...
（このマーケットが縮小してしまったのには、3つの理由があります。1つ目は……。2つ目は……。3つ目は……）

Part 3 上司や部下との会話 ≫ Unit 4 要点を明確にしよう

これだけは覚えたい！このユニットのセンテンス ベスト5　　TR 54

このユニットで扱う表現で、ぜひ覚えておきたい表現は以下のとおり。このまま使えるよう CD の音声の後に、声に出して繰り返してみよう。

1 結論から述べる

- **Well, the reason for that was unexpected market shrink.**
  （理由は、予想外の市場の縮小です）

- **I think it's because the market unexpectedly shrank.**
  （それは思うに、市場が予想外に縮小してしまったからです）

  ＜明日の朝、時間は取れるかと聞かれて＞

- **Yes, I can. I just need to cancel a meeting that's scheduled for nine.**
  （はい、大丈夫です。ただそのためには、9時に予定している会議をキャンセルしないといけません）

2 要点の数を伝える

- **There are three reasons for this market shrink.**
  （この市場の縮小には理由が3つあります）

- **We can think of three possible effects.**
  （3つの影響が可能性として考えられます）

日本語の論理では、要領を得ないこともある

> **Q** 下の赤い文字の部分はなぜまずいのでしょうか。

外資系企業A社は、日曜大工用品を量販店など小売店に販売している。同社のブラックウェルは部下の橋本に、日本での営業活動の説明を求めた。

ブラックウェル：日本全体での在庫回転率が着実に伸びていることは、喜ばしい。すばらしい業績だ、橋本さん。

橋本：以前は、量販店など販売をしてくださる人たちにお願いして本社に来ていただき、情報を提供していたのです。

ブラックウェル：それが業績好調の理由ですか。

橋本：ええと、問題は、その人たちにタイミングよく情報を伝えられなかったことなのです。急に出席のお願いをしても、会議に集まっていただくのは難しいですし。

ブラックウェル：ああ、それで新製品の情報をイントラネットで伝えることにしたんだね。では、なぜ北日本の販売が低迷しているのだろうか。

橋本：ええと、農業、中でもコメ作りが北日本の産業の中心なのです。

ブラックウェル：で、何を言いたいのですか。

> **A**
>
> **質問に対して、結論を先に述べない回答のし方が問題。** 日本語で話す場合は、理由や背景事情をまず理解してもらい、その上で質問の答えを述べるという話し方をする人が多い。だが、英語で同じ話し方をすると、「何を言いたいのかよくわからない」回答になってしまうことがある。質問に直接関係のない話から入ると、自分の質問に答えてくれていないと思われてしまうのだ。英語ではまず質問に答えて、理由や背景事情はその後に付け加えていくことが多い。

Part 3 上司や部下との会話 ≫ Unit 4 要点を明確にしよう

> **異文化対応ポイント**
> 1. 相手を戸惑わせないよう結論を先に述べる
> 2. 要点を整理して話す

英語ではこんな表現を使っています！

Blackwell: I'm pleased to see the constant improvement of our inventory turnover throughout Japan. Great achievement, Hashimoto-san.

Hashimoto: We used to ask salespeople to come to the headquarters and gave them information.

Blackwell: Is that the reason of the improvement?

Hashimoto: Well, the problem was that we couldn't provide salespeople with timely information. It's difficult to set up meetings on short notice.

Blackwell: Oh, so that's why you started providing new product information on our intranet. But why have northern Japan sales stagnated?

Hashimoto: Agriculture, rice growing, is the main industry there.

Blackwell: What do you mean?

注 inventory turnover:「在庫回転率」。商品をどれだけ効率よく売っているかを示す指標のひとつ。
achievement: 業績　stagnate: 停滞する

　ブラックウェルに「営業成績が順調である」と褒めてもらった橋本は、その理由を説明しようとしている。ならばまず、「営業担当者への情報がタイミングよく伝わることになった」ことを述べるべきだった。だが、橋本は、過去の経緯から語り始めたため、ブラックウェルには、それがどうして営業の順調さに結びつくのかがわからない。

　北日本の販売実績の低迷の理由についても、同じようなやり取りをしたため、ブラックウェルから見ると要領を得ない回答になってしまっている。

要点を整理して伝える

Q 下の赤い文字の部分はなぜ見習うべきなのでしょうか。　TR 55/56

Blackwell: I'm pleased to see the constant improvement of our inventory turnover throughout Japan. Great achievement, Hashimoto-san.

Hashimoto: Thanks. Timely information was the key.

Blackwell: Yeah, I heard that you started providing new product information on our intranet. But why have northern Japan sales stagnated?

Hashimoto: Well, the reason for that was unexpected market shrink.

Blackwell: Why only in the north?

Hashimoto: There are three reasons for this market shrink. One, bad weather damaged the agriculture there so there were fewer seasonal jobs. Two, deep snow discouraged people from spending time on outdoor hobbies. Three, the bankruptcy of one of Tohoku's large manufacturers.

A

　質問者が求めている回答を、最初にひと言で答えている点がよい。また、複数の要点がある場合は、「3つあります」のように数字を効果的に使い、分類整理して伝えている点も見習いたい。

　相手が一番知りたいことを最初に答える。説明が長くなるときは、要点を整理しわかりやすく伝える。それが大切だとわかっていても、日本語の感覚に引きずられると、理由や背景の説明から話し始めてしまいがちだ。たとえば、プレゼンテーションで、「質問は最後に」と依頼する日本人は多い。そう

Part 3 上司や部下との会話 ≫ Unit 4 要点を明確にしよう

> **異文化対応ポイント**
> 1 相手を戸惑わせないよう結論を先に述べる
> 2 要点を整理して話す

日本語訳はこうなります！

ブラックウェル：日本全体での在庫回転率が着実に伸びていることは、喜ばしい。すばらしい業績だ、橋本さん。

橋本：ありがとうございます。タイミングのよい情報が鍵でした。

ブラックウェル：そのとおりだね。君が新製品情報をイントラネットで提供し始めたことは耳に入っているよ。だが、どうして北日本の販売が低迷しているのだろう。

橋本：ええと、理由は、予想外の市場の縮小でした。

ブラックウェル：なぜ北日本だけなのかね？

橋本：この市場の縮小には理由が3つあります。1つ目は悪天候によって農業が被害を受けたこと、それにより季節的な雇用が減少しました。2つ目は積雪量が多かったため、屋外の趣味に費やされる時間が減少したことです。3つ目は東北の大企業のうちの1社が倒産したことです。

注　market shrink: 市場の縮小　　bankruptcy: 倒産

依頼するということは、最後まで聞かないと結論がわからない論理展開だからではないだろうか。大事な要点をまず伝えるという話し方は、実は最近の日本でも就職面接で重視される傾向があるようだ。使用する言語に関係なく、現代のビジネスには必要な論理の展開のし方になっているのだろう。

　情報を3つに分けるというのは、プレゼンテーションなどでよく使われる。もちろん理由が3つにならなければ、2つでも4つでもいい。要は、情報を分類整頓して、わかりやすく伝えられればいいのである。

実践練習　　　TR 57

上司や部下との会話で、すぐに使える、要点を明示する表現の練習をしてみよう。CDの音声には赤字部分の後に短いポーズが入っているので、後について、リピートしてほしい。🍃マークの部分は最後の練習問題でもう一度復習しよう。

1 結論から述べる

Blackwell: But why have northern Japan sales stagnated?
🍃**You:** Well, the reason for that was unexpected market shrink. 　》》ビート板①
ブラックウェル：なぜ北日本の販売が低迷しているのだろうか。
あなた：理由は、予想外の市場の縮小でした。

You: I think it's because the market unexpectedly shrank.
あなた：それは思うに、市場が予想外に縮小してしまったからです。

Nick: Can you spare some time to talk with Mr. Blackwell tomorrow morning?
🍃**You:** Yes, I can. I just need to cancel a meeting that's scheduled for nine. 　》》ビート板②
ニック：明日の朝、ブラックウェルさんと話す時間が取れる？
あなた：はい、大丈夫です。そのためには、9時の会議をキャンセルしないといけません。

> 3つ目の例文では、相手の求めている答え、YesかNoか結論をまず述べてから情報を追加しているところがいい。

2　要点の数を伝える

Blackwell: Why only in the north?
You: There are three reasons for this market shrink.　　　≫ビート板③

ブラックウェル：なぜ北部だけなのですか。
あなた：この市場の縮小には理由が3つあります。

You: We can think of three possible effects.

あなた：3つの影響が可能性として考えられます。

You: I can think of two reasons for this.

あなた：このことには理由が2つあると思います。

理由を求められたとき、回答がひと言で済むことは少ない。どうしても長くしゃべる必要があることほうが多い。長くしゃべるほど、途中で相手が質問を挟んでくる可能性もある。そんなときは上記の表現を使って、発言権（floor）を確保しよう。「理由が3つある」と言えば、相手は途中でさえぎりづらくなる。「1つ目は……」「2つ目は……」とはっきり言うことで、自分の発言がまだ終わっていない、発言を続ける意思があるということを明示でき、「責任を持って説明している」ことを印象付けられる。

3 ナンバリングをする

One, bad weather damaged the agriculture there so there were fewer seasonal jobs.

1つ目は悪天候によって農業が被害を受けたこと、それにより季節的な雇用が減少しました。

Two, deep snow discouraged people from spending time on outdoor hobbies.

2つ目は積雪量が多かったため、屋外の趣味に費やされる時間が減少したことです。

Three, the bankruptcy of one of Tohoku's large manufacturers.

3つ目は東北の大企業のうちの1社が倒産したことです。

前ページの「要点の数を伝える」と組み合わせてほしいのが、ナンバリングだ。文例で示したナンバリングのし方以外にも、First (of all), ... Second, ... Third, ... といった序数を使う方法、To begin with, ... In addition, ... Lastly, ... のようにつないでいく方法がある。ナンバリングは、聞き手が論理を追いやすくなるという利点もあるが、話し手が言うべきことを途中で忘れてしまったり、脱線したりしないための助けにもなる。積極的に活用しよう。

Part 3 上司や部下との会話 》》 Unit 4 要点を明確にしよう

書き込み式　ビジネス英語のビート板

この Unit で学んだことは、いわば水泳のビート板。ほんの少しだけビート板に頼りつつも、自分の力でビジネス英語の海を泳いでみよう。まず、本書で覚えた表現を下線部に書き入れて、記憶を定着させよう。それができるようになったら、自分ならどう言うか、本文を参考にして、自分なりの表現を書き出してみるとよいだろう。

ビート板 ① 結論から述べる (1)

Blackwell: But why have northern Japan sales stagnated?

あなた：理由は、予想外の市場の縮小でした。

ビート板 ② 結論から述べる (2)

Nick: Can you spare some time to talk with Mr. Blackwell tomorrow morning?

あなた：はい、大丈夫です。そのためには、9時の会議をキャンセルしないといけません。

ビート板 ③ 要点の数を伝える

Blackwell: Why only in the north?

あなた：この市場の縮小には理由が3つあります。

Part 3　上司や部下との会話

Unit 5　相手の立場に立って助言しよう

ユニットの狙い　1　グローバルマインドセット

❝　**和文の直訳では伝わらない**　❞

和英辞典で求めている英語を探して使っても、日本語の意味が伝わるとは限らないことを認識しよう。

ユニットの狙い　2　発信力

❝　**丁寧かつプロの権威のある言い方をする**　❞

相手の気持ちに配慮しつつ、プロとしての権威も伝わる言い方を学ぼう。

好印象

You must remember how I placed these tools.
（私がこれらの道具をどんなふうに置いたのか、覚えておきなさい）

This is how you placed the tools, and this picture shows how I did it. Can you see the difference?
（これが君の道具の置き方、この写真が私の置き方。違いがわかるかな）

Part 3 上司や部下との会話 >>> Unit 5 相手の立場に立って助言しよう

これだけは覚えたい！このユニットのセンテンス ベスト5　　TR 58

このユニットで扱う表現で、ぜひ覚えておきたい表現は以下のとおり。このまま使えるよう CD の音声の後に、声に出して繰り返してみよう。

1 専門家の立場からアドバイスをする

- **I strongly recommend that you use this.**
  （これを使うことを強くすすめます）

- **I advise you to use this.**
  （これを使うことをアドバイスします）

2 やんわりとアドバイスをする

- **If I were you, I would use this.**
  （私だったら、これを使います）

- **You can use this if you want.**
  （もし使いたければ、これを使ってもよいです）

3 アドバイスの前後で相手を立てる

- **I'd like to know what you think ...**
  （……をどうお考えなのか伺いたいのですが）

日本語をそのまま英語にしただけでは通じない

> **Q** 下の赤い文字の部分はなぜまずいのでしょうか。
>
> 木場：私がこの道具をどんなふうに置いたのか、覚えておかなければいけません。
>
> ユディスティラ：はい、整頓はとても重要だとおっしゃいましたね。
>
> 木場：だが、君の道具はしっかり整頓されてないじゃないか。
>
> ユディスティラ：最善を尽くして整頓したのですが。
>
> 木場：日本式の整頓のし方を覚えてもらえないだろうか。君の基準ではまだ不十分だ。指さし呼称をしたかね。私が道具を置いたときに見ていただろう。
>
> ユディスティラ：声を出していたのはわかったのですが、私はしませんでした。でもその代わり、注意してやりました。
>
> 木場：しっかり見て学び、よい仕事環境を保つ私のやり方を盗み取っていただけないかね。

A

　日本語をそのまま英語に直訳して伝えている点、日本のやり方を詳しく説明することなしに押し付けている点がまずい。

　Part3, Unit1 では、相手の気持ちを考えた丁寧な依頼のし方を学んだ。しかし、この会話例のように現場で何かを指導するときは、丁寧さにこだわり過ぎると的確な指導ができない。依頼とは違った言い方が必要だ。

　とはいえ、must を使うのは、依頼でも指導でも上から押し付ける印象になってしまうため、ふさわしくない。一方で、Would you mind ...? や

Part 3 上司や部下との会話 ≫ Unit 5 相手の立場に立って助言しよう

異文化対応ポイント

1. 和文の直訳では伝わらない
2. 丁寧かつプロの権威のある言い方をする

英語ではこんな表現を使っています！

Kiba: You must remember how I placed these tools.

Yudistira: Yes. You said sorting was important.

Kiba: But your tools are not well sorted.

Yudistira: I tried my best to sort them.

Kiba: Would you mind learning the Japanese style of sorting? Your standard is not high enough. Did you point the tools with your finger and call them out yourself? You saw me when I placed the tools.

Yusistira: I noticed you calling them out, but I didn't do it myself. Instead, I did it carefully.

Kiba: Could you learn by watching carefully and steal my way of keeping a good working environment?

注　sorting: 整頓　point with your finger and call them out: 指さし呼称をする

Could you learn …? という表現は、指導する側が使うと丁寧すぎ、プロフェッショナルとしての権威が損なわれてしまう。

　もうひとつ重要なのは、和英辞典で引いた英語がかならずしも日本語と同じ意味を伝えないということだ。会話例の、「整理整頓」の意味で使ったsorting、師匠から技術を「盗む」という意味で使ったstealはどちらも、日本語とまったく同じ意味が英語にあるわけではない。使う場合は、相手にわかるような説明が必要だ。

プロの権威を保ちつつ指導する

Q 下の赤い文字の部分はなぜ見習うべきなのでしょうか。　TR 59/60

Kiba: This is how you placed the tools, and this picture shows how I did it. Can you see the difference?

Yudistira: Yes. Yours looks much better.

Kiba: Yes. I strongly recommend you place the tools according to size, as in this picture. That way you can find any tool you need straight away. We call it "sorting."

Yudistira: You also pointed at the tools and called them out as you were sorting them out.

Kiba: Good observation. I advise you to train your workers to do the same. That way you can concentrate on your work and make yourself calm even in a noisy environment. It's good for safety, too. We've decreased accidents on our work site since we started doing it.

A

　プロフェッショナルとしての権威を保ちつつ、相手の気を悪くしないようなアドバイスのし方をしている点、ただ「やりなさい」と言うだけではなく、「なぜそうする必要があるのか」「そうすることでどんなメリットがあるのか」について、きちんと説明している点が優れている。

　プロとしてアドバイスをする際、相手への強い押し付けにならず、かつ権威を保つのに適した言い方として、次のようなものがある。I strongly recommend you use this system.（このシステムを使うことを強くすすめま

Part 3 上司や部下との会話 >>> Unit 5 相手の立場に立って助言しよう

異文化対応ポイント
1. 和文の直訳では伝わらない
2. 丁寧かつプロの権威のある言い方をする

日本語訳はこうなります！

木場：**これが君の道具の置き方、この写真が私の置き方。違いがわかるかな。**

ユディスティラ：はい。あなたのほうがきれいに見えますね。

木場：そうだね。**この写真のように大きさの順に並べておくことを強くすすめるよ。このやり方によって、必要な道具がすぐに見つかるだろ。**我々はこれを整頓と呼んでいるんだ。

ユディスティラ：道具を指さして、整頓しているときに声を出していましたね。

木場：よく観察していたね。**君のところの労働者にも同じように訓練することすすめるよ。このやり方によって、仕事への集中力を高められるし、騒がしい中でも平静を保つことができる。安全対策にもなる。我々がこれを始めてから作業現場での事故が減ったんだ。**

注　workers：「労働者」。日本語では、事務職も労働者と呼ぶ場合があるが、worker はたいていは作業現場の人を指す　make oneself calm: 平静にさせる　safety: 作業現場などの「安全」　work site: 現場

す）、I suggest that you place your tools this way.（道具をこのように置いたらいいでしょう）、I advise you to point at the tools with your finger.（道具を指でさして確認するといいでしょう）。

　言いたいことのイメージがなかなか伝わりにくいときは、会話例のように写真を使うと効果的だ。また、指さし呼称などの相手になじみのない行動規範をすすめるときは、それをする理由、自社での具体的な成果などを説明に加えることで、ようやくその良さを伝えることができる。

実践練習　　　TR 61

上司や部下との会話ですぐに使える、アドバイスの表現の練習をしてみよう。CDの音声には赤字部分の後に短いポーズが入っているので、後について、リピートしてほしい。🔖マークの部分は最後の練習問題でもう一度復習しよう。

1 専門家の立場からアドバイスをする

🔖 **I strongly recommend that you use this.** 　》》ビート板①

これを使うことを強くすすめます。

I advise you to use this.

これを使うことをアドバイスします。

I'd suggest that you (should) use this.

これを使うことを提案します。

> adviseの後には通常to不定詞が用いられるが、suggestの後ろにはthat節が用いられるという文法上の違いがある。上に挙げた表現は、どれも職務上のアドバイスを与える際に効果的だ。

2 やんわりとアドバイスをする

If I were you, I would use this.   >>>ビート板②
私だったら、これを使います。

You can use this if you want.
もし使いたければ、これを使ってもよいです。

アドバイスをしつつ、意思決定を相手にゆだねる表現だ。ビジネス上の人間関係に配慮が必要な場合にとても効果的な表現なので、ぜひ覚えておこう。2つ目の can を用いた表現は、日本人の耳には、相手に「許可」を与えているように聞こえ、「高慢な言い方だ」という印象を持つ人がいるかもしれない。だが、これは英語の提案にはよく使われる。Can を用いることで、相手に意思決定をゆだねることができる、やわらかい言い方だ。

▶ **You may use this.**（これを使ってもよいですよ）
ただし、このように may を使ってしまうと、完全に「許可」を与える表現になってしまい、高慢な印象を与えかねないので注意しよう。

---

3 アドバイスの前後で相手を立てる

🗨 **I'd like to know why you think ...** 　　　　　≫ビート板③

どうして……だと思うのか伺いたいのですが。

アドバイスを与えるという行為は多かれ少なかれ、潜在的に相手のメンツをつぶす可能性がある。どれだけ配慮したとしても、継続的かつ一方的なアドバイスを与えられたのでは、相手はいい気持ちがしないだろう。そこで、アドバイスをする前や、した後などに、相手の意見を聞くという過程をぜひ入れておこう。意見が対立した場合、どうしても合意が得られない場合など、立場に物を言わせて相手の意見を押さえつけるより、上記のような表現を使って言い分を聞くことで、事態を打開できることもあるはずだ。

Part 3 上司や部下との会話 ≫ Unit 5 相手の立場に立って助言しよう

書き込み式　ビジネス英語のビート板

この Unit で学んだことは、いわば水泳のビート板。ほんの少しだけビート板に頼りつつも、自分の力でビジネス英語の海を泳いでみよう。まず、本書で覚えた表現を下線部に書き入れて、記憶を定着させよう。それができるようになったら、自分ならどう言うか、本文を参考にして、自分なりの表現を書き出してみるとよいだろう。

ビート板 ① 専門家の立場からアドバイスをする

これを使うことを強くすすめます。

ビート板 ② やんわりとアドバイスをする

私だったら、これを使います。

ビート板 ③ アドバイスの前後で相手を立てる

どうして……だと思うのか伺いたいのですが。

Column　コラム③

英語では
直接的な言い方をすべきなのか

　「英語で話すときは、直接的で、はっきりとした意思表示をするべきだ」というアドバイスを受けたことがある。はたして本当だろうか。たとえば、カリフォルニアのレストランで、とても評判のいい地元のワインをすすめられたときのことを考えてみよう。"I recommend this local wine on the list. I love this wine. It goes best with salmon."（リストにあるこの地元のワインはおすすめですよ。私は、このワインが大好きなんです。鮭料理に最高に合いますよ）と言われたとする。もし、あなたが大学時代にひどく悪酔いして以来、ワインが大嫌いになっていたとしたら、どうだろう。そして、自分としてはビールが飲みたい気分だったとしたら。"I hate wine. I want beer."（ワインは大嫌いなんです。ビールが飲みたいですね）と、直接的ではっきりとした意思表示をするべきだろうか。

　ビジネスパートナーとの食事で、このような意思表示が適当かどうかは容易に想像がつくはずだ。気まずい空気が流れることになるのは間違いない。相手がこのような言い方で、ワインに対する強い愛情を示した場合、あなたは、"Well, the wine sounds nice but I prefer beer tonight."（ワインもいいですね。でも私は今夜はビールを飲みたい気分なのです）というように、もう少し間接的な意思表示をするのが、常識のある大人というものだろう。

Part 4
社外の人たちとの会話

Part 4 社外の人たちとの会話

Unit 1 英語でセールスをしよう

ユニットの狙い 1　グローバルマインドセット

" **相手の知りたいことを押さえよう** "

相手の知りたい情報を伝えること、略語や業界用語はなるべく避けることが大切だ。自分が知っていることを相手も知っているとは限らない。

ユニットの狙い 2　発信力

" **相手の意向を確認し必要な手順を示す** "

相手の目的を聞き出し、確認し、その実現のためのプロセスをはっきり示そう。

A CM or an RM?
（CM ですか。それとも RM ですか）

【好印象】 First, I need to know if this is a commercial or residential move.
（まず、会社の移転なのか、それとも個人の転居なのかを伺いたいのですが）

Would you like to use that?
（それを利用なさいますか）

【好印象】 Do you want us to give you our estimate?
（お見積をご希望ですか）

Part 4 社外の人たちとの会話 >>> Unit 1 英語でセールスをしよう

これだけは覚えたい！このユニットのセンテンス ベスト5 TR 62

このユニットで扱う表現で、ぜひ覚えておきたい表現は以下のとおり。このまま使えるよう CD の音声の後に、声に出して繰り返してみよう。

1 相手の意向を確認する

- **Do you want us to give you an estimate?**
  （お見積もりをご希望ですか）

- **Is it all right for us to give you an estimate?**
  （見積もりを提示してもよろしいですか）

2 プロセスを説明する

- **First, I need to know if this is a commercial or residential move.**
  （まず、会社の移転なのか、それとも個人の転居なのかを伺いたいのですが）

- **Second, I need to know how much stuff there is, and where you're moving from and to.**
  （第2に、引っ越しする荷物の量、そして、どちらからどちらへ引っ越しをするのかを教えていただく必要があります）

- **Finally I need the date.**
  （最後に日程が必要です）

相手の立場に立って話す

Q 下の赤い文字の部分はなぜまずいのでしょうか。

鈴木：すると最良の引っ越し業者を探しているわけですね。CM ですか。

ビアンキ：何ですか。

鈴木：CM ですか。それとも RM ですか。

ビアンキ：CM とか RM の意味がわからないのですが。

鈴木：ああ CM というのは会社の引っ越しで、RM は住居の引っ越しです。

ビアンキ：従業員が一人、東京から大阪に引っ越すのです。

鈴木：PIFY がいいですよ。

ビアンキ：それは何ですか。

鈴木：我が社の pack-it-for-you service、荷造りご無用サービスです。それをご利用なさいますか。

ビアンキ：うちの従業員のために全部荷造りしてくれるのですね。それはよさそうです。でも、まずは見積がほしいです。最も条件のいい見積を出してくれた会社を選びたいので。

A

　相手の立場に立った話ができていないことが問題。業界用語や自社の略号などは、自分は知っていても、相手は知らないことがほとんど。日本語では難しい言葉を使ったとき、「こんなことも知らなくて」と相手が恐縮することもときにはあるが、英語ではそうはいかない。話の中で相手が理解できない言葉があれば、それはそんな言葉を使った話し手の責任とされる。セールスの場では、相手が理解できる言葉を使うのが鉄則だ。

　営業トークというのは日本語でも難しい。まして、それを英語でやるのは

Part 4 社外の人たちとの会話 》》Unit 1 英語でセールスをしよう

> **異文化対応ポイント**
> 1. 相手の知りたいことを押さえよう
> 2. 相手の意向を確認し必要な手順を示す

英語ではこんな表現を使っています！

Suzuki: So you are looking for the best moving company. Is it a CM?

Bianchi: What?

Suzuki: A CM or an RM?

Bianchi: I'm not sure what CM and RM mean.

Suzuki: Oh. A CM is a commercial move and an RM is a residential move.

Bianchi: One of our employees is relocating from Tokyo to Osaka.

Suzuki: I recommend our PIFY.

Bianchi: What's that?

Suzuki: Our pack-it-for-you service. Would you like to use that?

Bianchi: So, your company packs everything for our employee, right? That sounds good. But, first, I'll need an estimate. We need to choose the company that gives us the most competitive quote.

　もっと難しいと考えている人も多いだろう。しかし、ぺらぺらとしゃべる人よりも、朴訥ながら、誠実に顧客の欲しい情報を話してくれる人のほうが営業成績がよいという例はいくらでもある。セールスでは、いかに流暢に話すかということよりも、いかに相手の立場に立って話すかのほうが重要なのだ。

　その意味では、いきなり、Would you like to use that?（それをご利用なさいますか）と尋ねるよりも、「見積りは必要ですか」といった形で、相手の意向をまずは探るべきだろう。

プロセスをわかりやすく示す

Q 下の赤い文字の部分は**なぜ見習うべきなのでしょうか。** TR 63/64

Suzuki: **Do you want us to give you an estimate?**

Bianchi: Yeah, we need to choose the most competitive company.

Suzuki: **First,** I need to know if this is a commercial or residential move.

Bianchi: It's a residential move for one of our employees.

Suzuki: **Second,** I need to know how much stuff there is, and where you're moving from and to. **Finally** I need the date. **Then** I can give you an estimate.

Bianchi: There are two peoples' belongings from a 3LDK apartment and a self-storage place. They're relocating from Tokyo to Osaka in August.

Suzuki: Well, we might be able to make use of the return leg of the journey. That is we may be able to use the same truck for someone who's moving from Osaka to Tokyo. The truck needs to come back anyway. If the timing is good, there could be around a 50 percent discount.

A

　相手の目的を確認し、プロセスをわかりやすく説明している点を見習いたい。セールスで最初に明らかにしたいのは、相手の意向だ。では、どう確認すればいいのだろうか。会話例の中にある次の言い方がお手本になる。Do you want us to give you an estimate?（お見積りをご希望ですか）。これ以外には、Shall we を使い、Shall we give you an estimate?（お見積りを出しましょうか）ということもできる。You を主語にして希望を尋ねる前者の表現のほうが、押しつけがましさは小さくなる。どちらも、相手の自主性を尊

Part 4 社外の人たちとの会話 ≫ Unit 1 英語でセールスをしよう

異文化対応ポイント
1. 相手の知りたいことを押さえよう
2. 相手の意向を確認し必要な手順を示す

日本語訳はこうなります！

鈴木：**お見積をご希望ですか。**

ビアンキ：はい。最も競争力のある会社を選ぶ必要があるので。

鈴木：では**最初に**、会社の移転なのか、それとも個人の転居なのかを伺いたいのですが。

ビアンキ：我が社の従業員、個人の転居です。

鈴木：**第2に**、引っ越しする荷物の量、そしてどこからどこへ引っ越しをするのかを教えていただく必要があります。**最後に**日程です。**そうすれば、**見積をお出しできます。

ビアンキ：荷物は2人分の持物で、3LDKとトランクルームの分量があります。引っ越しは東京から大阪、時期は8月になります。

鈴木：そうですね、トラックの復路を利用できるかもしれません。つまり、だれかほかの人が大阪から東京に引っ越すとき使ったトラックを利用するのです。トラックはいずれにしても、大阪に戻らなくてはなりませんし、タイミングさえ合えば50％程度の割引ができます。

注　make use of: 利用する　　return leg: 帰りの足　　discount: 割引

重している丁寧な確認のし方だ。
　相手の意向が確認できたら、今度はそれを実現するための手順をどう進めていくのか、相手にわかりやすく説明する必要がある。調査によると、実際のビジネスのこのような場面では then や and then が頻繁に使われている。会話例のように、First や Second といった数字（序数）を使って整理して話すと、よりわかりやすい説明になるだろう。

実践練習　　　◎ TR 65

社外の人たちへのセールスで、確認したり説明したりする表現の練習をしてみよう。CDの音声には赤字部分の後に短いポーズが入っているので、後について、リピートしてほしい。🗨 マークの部分は最後の練習問題でもう一度復習しよう。

1 相手の意向を確認する

🗨 **Do you want us to give you an estimate?** 　》》ビート板①
お見積もりをご希望ですか。

Do you want an estimate?
見積もりをご覧になりたいですか。

Is it all right for us to give you an estimate?
見積もりを提示してもよろしいですか。

---

want to ... / want us to ... は、「……したい」「（私たちに）……してほしい」という意味でおなじみの表現だが、「……を喜んでする」「……してもらうのがうれしい」というニュアンスも含まれる。したがって、相手が自分の提案に対して積極的な姿勢でいるかどうかを確認するのに便利な表現だ。Is it all right for us to ...?（……しても大丈夫ですか）とストレートに聞いてもいいだろう。いずれにしても、相手の意図を尊重する聞き方がセールストークでは大切だ。

2 プロセスを説明する (1)

First, I need to know if this is a commercial or residential move.　》》ビート板②
まず、会社の移転なのか、それとも個人の転居なのかを伺いたいのですが。

Second, I need to know how much stuff there is, and where you're moving from and to.
第2に、引っ越しする荷物の量、そしてどこからどこへ引っ越しをするのかを教えていただく必要があります。

Finally I need the date.
最後に日程が必要です。

Then I can give you an estimate.
そうすれば、見積をお出しできます。

前述のとおり、プロセスを説明する際には、言いたいことを整理して伝えることが必要であり、そのための手段が One, ... Two, ... Three, ... などのナンバリングである。それとは別に、first、second、third、lastly / finally などのつなぎ言葉 (transition) を意図的に使うのも有効な方法である。それ以外にも便利なつなぎ言葉として、Then (次に／その結果) がある。特にこの then はビジネス英語の会話の中では使用頻度が高い。

3 プロセスを説明する (2)

To begin with, I need to know if this is a commercial or residential move.
はじめに、会社の移転なのか、それとも個人の転居なのかを伺いたいのですが。

Next, I need to know how much stuff there is.
次に、引っ越しする荷物の量を知りたいです。

🍃 In addition, I need to know the locations. 》》》ビート板③
それに加えて、(どこからどこへ引っ越すかの) 場所の情報が必要です。

And the planned date of the move as well.
それと、引っ越しの日程も同様に必要です。

To begin with (まず始めに)、Next (次に)、In addition (それに加えて)、as well (……もまた) などはつなぎ言葉の中でも、特に論理展開を示すものだ。英語は日本語よりも、この種のつなぎ言葉が豊富だ。これらを用いることで、言いたいことが頭の中で整理されているという印象を相手に与えられる。自分自身の表現を豊かにするつなぎ言葉は、ぜひ押さえておこう。

書き込み式　ビジネス英語のビート板

この Unit で学んだことは、いわば水泳のビート板。ほんの少しだけビート板に頼りつつも、自分の力でビジネス英語の海を泳いでみよう。まず、本書で覚えた表現を下線部に書き入れて、記憶を定着させよう。それができるようになったら、自分ならどう言うか、本文を参考にして、自分なりの表現を書き出してみるとよいだろう。

ビート板 ① 相手の意向を確認する

お見積もりをご希望ですか。

ビート板 ② プロセスを説明する (1)

まず、会社の移転なのか、それとも個人の転居なのかを伺いたいのですが。

ビート板 ③ プロセスを説明する (2)

それに加えて、(どこからどこへ引っ越すかの) 場所の情報が必要です。

Part 4　社外の人たちとの会話

Unit 2

上司の交渉に同席しよう

ユニットの狙い 1　グローバルマインドセット

> ❝ **立場が下でも発言して信頼を得よう** ❞

地位が上の役職者と共に英語での交渉に臨んだとき、沈黙しているだけでは交渉が不利になってしまうこともある。

ユニットの狙い 2　発信力

> ❝ **交渉をサポートする発言をする** ❞

黙っているだけでなく、交渉が有利に運ぶような発言をしよう。

Okuyama: Well, we expect the customer to designate a freight forwarder.
（ええと、運送業者の手配は、お客様にしていただくものであると、私たちは考えています）

You: ... ＜黙っている＞

【好印象】
You: Yes, usually customers are responsible for tranportation.
（はい、ふつう、運送はお客様の責任ということで、お願いさせていただいています）

これだけは覚えたい！このユニットのセンテンス ベスト5　　TR 66

このユニットで扱う表現で、ぜひ覚えておきたい表現は以下のとおり。このまま使えるよう CD の音声の後に、声に出して繰り返してみよう。

1 「相づち」表現を用いて同意を示す

- **Yes. / Yeah.**
  （そうなんです）

- **Right. / That's right.**
  （そのとおりです）

2 はっきりと同意を示す

- **I agree with him/her.**
  （彼／彼女に賛成です）

- **I have the same opinion as him/her.**
  （彼／彼女と同じ意見です）

3 同意をした後にひと言加える

- **What he said is very important. Usually customers are responsible for transportation.**
  （いま彼が申し上げたことはとても重要です。ふつう、運送はお客様の責任ということで、お願いさせていただいています）

沈黙せず、口を開く

Q 下の赤い文字の部分はなぜまずいのでしょうか。

奥山：製品は製造場所でお引き渡しできるようになっています。

深田：(沈黙)

ライト：御社の出荷集積所ですか。荷物の運送とそれに関わるコスト、このすべてに責任を持っていただくことはできませんか。

深田：(うなずきながら聞いている)

奥山：ええと、運送業者の指定は、お客様にしていただくものであると、私たちは考えています。

ライト：温度に影響を受けやすい製品の運送は、我が社はあまり経験がないものですから、目的地までの運送に責任を持っていただくよう、お願いしたいのです。

深田：(うなずきながら聞いている)

奥山：残念ながら、我が社は普段、そういうことはしていないのです。

A

　会話の後半で黙ってうなずいていたことで、自社に不利な状況をもたらした点がまずい。確かに決定権のある役職者と共に交渉の場に出たときは、下手なことは言えない。会社の方針に抵触するようなことを言えば、交渉に致命的な結果をもたらす可能性もある。そのうえ自分の英語に自信がないときには、なおさら発言を控えることが多いはずだ。だからといって、黙って話を聞いてさえすればよいかというと、必ずしもそうではない。自社に不利な状況をもたらす可能性もあることを、知っておいてほしい。

Part 4 社外の人たちとの会話 ≫ Unit 2 上司の交渉に同席しよう

異文化対応ポイント
1. 立場が下でも発言して信頼を得よう
2. 交渉をサポートする発言をする

英語ではこんな表現を使っています！

Okuyama: Our products are made available to you at the point of origin.

Fukada: （沈黙）

Wright: You mean your loading dock? Would you be able to take responsibility for all transportation and related costs?

Fukada: （うなづきながら聞いている）

Okuyama: Well, we expect the customer to designate a freight forwarder.

Wright: Since we have limited experience in transportation of temperature-sensitive products, we'd request you to be responsible for transportation to the destination.

Fukada: （うなづきながら聞いている）

Okuyama: I'm afraid that's not our usual business practice.

注 point of origin: 始まりとなる場所。この場合は「製造場所」。　loading dock: 出荷物を集積するところ　freight forwarder: 運送業者　destination: 目的地

　日本語では、相手の発言内容に賛成はしていなくても、「話をちゃんと聞いていますよ」という意味で、うなずきながら話を聞くことがある。しかし英語の交渉では、この仕草は賛成の意思表示をしていると受け取られてしまうことがあるのだ。相手は、交渉相手の2人のうち1人は自分に賛成してくれていると、思ってしまったかもしれない。ここでは、上司の発言をなるべくサポートできるような意思表示を、言葉で示すことが重要だ。どんな表現を使えばいいのかを、次ページ以降で見ていこう。

上司の交渉の援護射撃をする

Q 下の赤い文字の部分はなぜ見習うべきなのでしょうか。　◎ TR 67/68

Okuyama: Our products are made available to you at the point of origin.

Fukada: Yes.

Wright: Could you take responsibility for all transportation and related costs?

Okuyama: Well, we expect the customer to designate a freight forwarder.

Fukada: Yes, usually customers are responsible for transportation.

Wright: We have limited experience in transportation of temperature-sensitive products. We'd like you to be responsible for transportation to the destination.

Okuyama: I'm afraid that's not our usual business practice.

Fukada: Right. That's not what we usually do.

A

上司の発言に対して、言葉でサポートをしている点がよい。

　日常のビジネス会話の中では、相づちが重要であることはすでに学んだが、交渉の場においても、相づちは自社側の意見をサポートする意味で重要だ。交渉の場に同席して、難しい英語が速いペースで飛び交うのに戸惑ったとしても、黙ってしまわないようにしよう。同席しているからには、そのような場でも自分の意見を明確に示す必要があるのだ。

　会議の内容にある程度ついていける場合は、ところどころで、Yes.（そう

Part 4 社外の人たちとの会話 ≫ Unit 2 上司の交渉に同席しよう

> **異文化対応ポイント**
> 1 立場が下でも発言して信頼を得よう
> 2 交渉をサポートする発言をする

日本語訳はこうなります！

奥山：製品は製造場所で御引き渡しできるようになっています。

深田：そうなのです。

ライト：荷物の運送とそれに関わるコスト、このすべてに責任を持っていただくことはできませんか。

奥山：ええと、運送業者の指定は、お客様にしていただくものであると、私たちは考えています。

深田：はい。通常、運送はお客様の責任ということで、お願いさせていただいています。

ライト：温度に影響を受けやすい製品の運送は、我が社はあまり経験がないものですから、目的地までの運送に責任を持っていただくよう、お願いしたいのです。

奥山：残念ながら、それは我が社の通常の業務方針とは異なってしまいます。

深田：そのとおりです。通常はやっておりません。

なのです)、Right.（そのとおりです）といった表現を使って、自社の側の発言をサポートしよう。

　相手が複数で、自分たちの側に英語が上手な人が一人しかいない場合、発話がその人に集中してしまい、疲れてくることがある。そんなときには、ちょっとした相づちであっても、同じ主張を言い換えたような発言でも、サポートする発言を口にしよう。そうすることで、自社の側に余裕が生まれ、話が進めやすくなるはずだ。

実践練習　　　　　　　　　　　　　　　　　◎ TR 69

社外の人たちとの会話ですぐに使える、相づちや同意の表現の練習をしてみよう。CDの音声には赤字部分の後に短いポーズが入っているので、後について、リピートしてほしい。　マークの部分は最後の練習問題でもう一度復習しよう。

1 「相づち」表現を用いて同意を示す

Okuyama: Our products are made available to you at the point of origin.
You: Yes. / Yeah.

奥山：製品は製造場所でお引き渡しできるようになっています。
あなた：そうなんです。

You: Right. / That's right.　　　　　　　　　》》ビート板①

あなた：そのとおりです。

You: Sure.

あなた：ええ。

同意をしていることを示すためには、複雑なフレーズよりも、むしろ上に挙げたような短いフレーズのほうが効果的だ。このようなフレーズを使うことで、発言をあまりさえぎらずに、効果的な同意を示すことができる。

2 はっきりと同意を示す

I agree with him/her.
彼／彼女に賛成です。

🍃 I have the same opinion as him/her.　　　》》ビート板②
彼／彼女と同じ意見です。

What he/she said was very important
彼／彼女が言ったことはとても重要です。

> 前ページで紹介した短く端的なフレーズは、「同意」を示すだけのものだが、時には同意しているということを、もっとはっきり示さなければならないこともある。そのようなときには上に挙げたフレーズがほとんど形を変えずに使われている。このまま覚えてぜひ活用しよう。

3 同意をした後にひと言加える

Okuyama: Our products are made available to you at the point of origin.
You: Yes, and I think that's our company's policy.
奥山：製品は製造場所でお引き渡しできるようになっています。
あなた：そうです。それが弊社の方針なのです。

Okuyama: We expect the customer to designate a freight forwarder.
You: What he said is very important. Usually customers are responsible for transportation. ≫≫ビート板③
奥山：運送業者の指定は、お客様にしていただくものであると、私たちは考えています。
あなた：いま彼が申し上げたことはとても重要です。通常、運送はお客様の責任ということで、お願いさせていただいています。

Okuyama: I'm afraid that's not our usual business practice.
You: That's right. It's not what we usually do.
奥山：残念ながら、それは我が社の通常の業務方針とは異なってしまいます。
あなた：そのとおりです。そのようなことは、弊社では通常やっていないのです。

同意を示すフレーズは確かに効果的だが、それだけを何度も使っているわけにもいかない。「人任せだ」と取られてしまう場合も考えられる。そのような事態を避けるためには、同席者の発言に自分が同意しているということをはっきりと示す必要がある。それでも説明不足になった場合、あとひと言説明を補足する必要が生じるかもしれない。上記の例を参考に、ひと言説明を加える練習もしておくといいだろう。

書き込み式　ビジネス英語のビート板

この Unit で学んだことは、いわば水泳のビート板。ほんの少しだけビート板に頼りつつも、自分の力でビジネス英語の海を泳いでみよう。まず、本書で覚えた表現を下線部に書き入れて、記憶を定着させよう。それができるようになったら、自分ならどう言うか、本文を参考にして、自分なりの表現を書き出してみるとよいだろう。

ビート板 ① 「相づち」表現を用いて同意を示す

Okuyama: Our products are made available to you at the point of origin.

あなた：そのとおりです。

ビート板 ② はっきりと同意を示す

彼／彼女と同じ意見です。

ビート板 ③ 同意をした後にひと言加える

Okuyama: We expect the customer to designate a freight forwarder.

あなた：いま彼が申し上げたことはとても重要です。通常、運送はお客様の責任ということで、お願いさせていただいています。

Part 4 社外の人たちとの会話

Unit 3 意見の違いも明確に表そう

ユニットの狙い 1　グローバルマインドセット

> 「はい」と "Yes" の違いを知る

日本語の感覚で Yes. と言ってから反論すると、相手を混乱させる可能性がある。反論の際には Yes を使わないのが鉄則だ。

ユニットの狙い 2　発信力

> 強弱のメリハリをつけて反論する

強い否定と柔らかい否定を、状況に応じて使い分けよう。

Miguel: This campaign is not supposed to be targeting children, is it?
（このキャンペーンは子供に向けたものではないですよね）

You: Yes. ...No, it certainly isn't.
（はい……いいえ、たしかにそうではありません）

好印象 ➡　You: Absolutely not. We're focusing on adult women.
（絶対に違います。大人の女性に焦点を絞っています）

Part 4 社外の人たちとの会話 >>> Unit 3 意見の違いも明確に表そう

これだけは覚えたい！このユニットのセンテンス ベスト5　　TR 70

このユニットで扱う表現で、ぜひ覚えておきたい表現は以下のとおり。このまま使えるよう CD の音声の後に、声に出して繰り返してみよう。

1 強い否定の気持ちを伝える

- **Absolutely not.**
  （絶対に違います）

- **I don't think so.**
  （そうは思いません）

2 否定の気持ちを柔らかく伝える

- **That's not true.**
  （それは違うと思います）

- **I doubt it.**
  （それは疑わしいですね）

- **Not necessarily.**
  （必ずしもそうとは限りません）

Yes か No かをはっきりさせる

Q　下の赤い文字の部分はなぜまずいのでしょうか。

広告代理店に勤務するかおりは、顧客のミゲルから、提案したキャラクターに関して疑問を投げ掛けられた。

ミゲル：このキャンペーンは子供に向けたものではないですよね。

かおり：はい……いいえ、たしかにそうではありません。

ミゲル：アニメキャラクターを使うのは、私にはちょっと子供っぽく見えるのですが。

かおり：はい、少しはそう見えるかもしれませんね。でも可愛いと思いますよ。

ミゲル：このキャラクターに対する市場の反応について考えているのですが、われわれの顧客は大人の女性ですし、これが成熟した女性に受けるとは思えないのです。

かおり：たぶん少し子供っぽいかもしれませんね。でも若い女性にもアピールしようとしていますから。若い女性はかわいいキャラクターが大好きですよ。この重要な市場を無視してもいいのでしょうか。

ミゲル：では、あなたはどうするのがいいと思いますか。

A

　YesとNoの使い方が混乱している点、自分の意見を疑問文で表している点がまずい。日本語の会話では相手に反論するときには、「たしかにそうですが、実は……」という形で、相手の意見をいったん肯定してから答えるのが自然だ。それゆえ、日本語の訳だけを見たときには、とくに不自然な感じはしなかったかもしれない。

　だが、英語で相手とは異なる意見を言うときは、Yesでいったん答えることはしない。否定または訂正から入るのが普通だ。したがって、最初にYes

Part 4 社外の人たちとの会話 >>> Unit 3 意見の違いも明確に表そう

異文化対応ポイント

1. 「はい」と "Yes" の違いを知る
2. 強弱のメリハリをつけて反論する

英語ではこんな表現を使っています！

Miguel: This campaign is not supposed to be targeting children, is it?

Kaori: Yes. ...No, it certainly isn't.

Miguel: Using those animated characters seems a little childish to me.

Kaori: Yes, perhaps it is a little. But I think they look cute.

Miguel: I'm thinking about market reaction to the characters. Our customers are adult women. I don't think the characters will be attractive to mature women.

Kaori: Maybe they are a little childish. But we're also trying to appeal to younger females. Young women love cute characters. Is it OK to ignore this important market?

Miguel: So what's your recommendation?

注 animated characters: アニメのキャラクター　market reaction: 市場の反応　mature: 成熟した　ignore: 無視する

と言って相手の意見をいったん肯定して、その後に異なる意見を述べると、相手は自分の意見が肯定されているのか否定されているのかわからず、混乱してしまう。Yes と No を混ぜないで伝えることが重要だ。

それから、相手が否定文で発言した場合、同調するのなら No で答えよう。また、反対の意思表示は、上の例のように疑問文で問い掛けるよりも、We shouldn't ignore this important market.（この重要な市場を無視するべきではありません）のように言ったほうがよい。

メリハリをつけた反論をする

Q 下の赤い文字の部分はなぜ見習うべきなのでしょうか。　◎ TR 71/72

Miguel: This campaign is not supposed to be targeting children, is it?

Kaori: **Absolutely not. We're focusing on adult women.**

Miguel: But those animated characters seem a little childish to me.

Kaori: The characters will appeal to younger female customers. **We shouldn't ignore this important market.**

Miguel: OK, but young women are not the only market we are looking at.

Kaori: Our research results show that East Asian women love cute characters.

Miguel: I don't think they are attractive to adult women though.

Kaori: **As a matter of fact, they are.** No matter how old they are, those cute characters are always popular among women. That's the reason we're going with a cute image.

A

　はっきり否定をする部分と、柔らかく否定をする部分とでメリハリをつけて反論をしている点を見習いたい。

　相手の否定文に同調して、はっきりと相手と同じ否定をしたい場合は会話例にあるように、Absolutely not.（絶対に違います）という表現がある。ほぼ同じ意味の表現として、Certainly not. と Not at all. も覚えておこう。

　相手の言っていることが事実と反するときには、I don't think so.（そうは思いません）、That's not true.（それは違うと思います）という表現が効果

Part 4 社外の人たちとの会話 》》Unit 3 意見の違いも明確に表そう

異文化対応ポイント

1. 「はい」と "Yes" の違いを知る
2. 強弱のメリハリをつけて反論する

日本語訳はこうなります！

ミゲル：このキャンペーンは子供に向けたものではないですよね。

かおり：**絶対に違います。大人の女性に焦点を絞っています。**

ミゲル：アニメキャラクターを使うのは、私には少し子供っぽく見えます。

かおり：そのキャラクターは若い女性にアピールします。**この重要な市場を無視できませんからね。**

ミゲル：いいでしょう。でも、我々が狙っているのは若い女性の市場だけではありませんよ。

かおり：弊社の調査結果によると、東アジアの女性はかわいいキャラクターが好きだということがわかっています。

ミゲル：成熟した女性に受けるとは思えないのですが。

かおり：**実際には受けるのです。**年齢に関係なく、こういうかわいいキャラクターは女性に人気があります。かわいいイメージで行こうという理由がここにあるのです。

注 research: 調査　No matter how ...: いかに……であろうとも

的だ。

　一方、相手に配慮して気を使って否定するときは、ためらいを含んだ表現を使うべきだ。As a matter of fact（実は）のような前置きをしたり、I doubt it.（疑わしいですね）、That's controversial.（それには異論がありそうです）、I'm not sure if that's true.（それはどうでしょうか）などの表現を使ったりしてみよう。ここで挙げた表現を、状況に応じて使い分けることが大切だ。

実践練習　　　　　　　　　　　　　　　　　　　◎ TR 73

社外の人たちとの会話ですぐに使える、同意や反論の表現の練習をしてみよう。CDの音声には赤字部分の後に短いポーズが入っているので、後について、リピートしてほしい。🗨 マークの部分は最後の練習問題でもう一度復習しよう。

1 否定文の発言に反応する

Tom: Their proposal isn't worth considering.
🗨 **You: No, it isn't.** 　　　　　　　　　　　　≫ビート板①

トム：彼らの提案は検討に値しません。
あなた：ええ、値しませんね。

Tom: The data didn't indicate any noticeable change in the sales growth rate.
You: No, it didn't.

トム：データ上は目に見えた売上伸び率の変化はありません。
あなた：はい、ありません。

Tom: Our new product is not attractive to our customers.
You: Yes, it is.

トム：我々の新製品は顧客側には魅力がありません。
あなた：いえ、(魅力が) あります。

日本語の「はい／いいえ」と英語の Yes/No とには、決定的な違いがある。「はい」は相手の意見に対する「同意」、「いいえ」は「不同意」を表す。一方、英語の Yes/No は、相手の意見とは関係なく、後に続く文が肯定文なのか否定文なのかを表す。だから、相手の言った「否定文」に同意をするときには No、不同意のときには Yes を使うことになる。

2 否定文の発言に同意する

Tom: Their proposal isn't worth considering.
You: **No, it's absolutely not.**

トム：彼らの提案は検討に値しません。
あなた：ええ、まったく値しませんね。

Tom: The data didn't indicate any noticeable change in the sales growth rate.
You: **No, none at all.**

トム：データ上は目に見えた売上げ伸び率の変化はありません。
あなた：そうですね。まったくありません。

Tom: Their new product is not attractive to our customers.
You: **Of course it isn't.**　　　》》ビート板②

トム：彼らの新製品は我々の顧客には魅力がありません。
あなた：もちろんありませんね。

「今日はいい天気ですね」という発言と「今日は天気がよくないですね」という発言を比べてみよう。後者のほうが、どことなく多くの意味を含んでいるように聞こえないだろうか。実際、否定文を使うときは言外に多くの意味を込めていることが多い。そのため、否定文に同意してもらうほうが、その相手との心理的な距離が近づくとされている。上記の表現も積極的に使ってみよう。

3 相手にやんわりと反論する

Tom: Their proposal isn't worth considering.
You: Well, I think it is.
トム：彼らの提案は検討に値しません。
あなた：ええと、私はそうは思いませんが。

Tom: This is a noticeable change in the sales growth rate.
You: Actually, I doubt if it is.
トム：これは顕著な売上げ伸び率の変化です。
あなた：実は、それは疑わしいのではないかと思っています。

Tom: Our new product is quite attractive to women.
You: I'm not sure if that's true.　　　　　　　≫ビート板③
トム：我々の新製品は女性にとって、とても魅力的です。
あなた：それはどうでしょうか。

交渉や商談においては、ここは反論しなければならないポイントであることはわかっていても、相手に不快感を与えてしまいそうで、言い出しにくいこともあるだろう。そんな状況では、Well、Actutally、I'm not sure のような、「ためらい」の表現が、とても効果的だ。

書き込み式　ビジネス英語のビート板

この Unit で学んだことは、いわば水泳のビート板。ほんの少しだけビート板に頼りつつも、自分の力でビジネス英語の海を泳いでみよう。まず、本書で覚えた表現を下線部に書き入れて、記憶を定着させよう。それができるようになったら、自分ならどう言うか、本文を参考にして、自分なりの表現を書き出してみるとよいだろう。

ビート板 ① 否定文の発言に反応する

Tom: Their proposal isn't worth considering.

あなた：ええ、値しませんね。

ビート板 ② 否定文の発言に同意する

Tom: Their new product is not attractive to our customers.

あなた：もちろんありませんね。

ビート板 ③ 相手にやんわりと反論する

Tom: Our new product is quite attractive to women.

あなた：それはどうでしょうか。

Part 4 社外の人たちとの会話

Unit 4 謝罪の際も説明責任を果たそう

ユニットの狙い 1　グローバルマインドセット

" **謝るだけでなく、きちんと説明をする** "

100％自分に非がない場合、一方的に謝るだけでは、誤解されたままになる。相手に共感を示しつつ、きちんと説明責任を果たしてわかってもらう必要がある。

ユニットの狙い 2　発信力

" **共感と謝罪の表現を使い分ける** "

共感と謝罪のどちらが求められているかを判断し、表現を使い分けよう。

＜100％自分に非があるわけではない場合＞
I'm sorry to be late.
（遅れて申し訳ございません）

好印象 →
You must be tired of waiting here. It's no fun having to wait in an unknown city for such a long time.
（待ちくたびれていらっしゃったでしょう。こんな見ず知らずの街で、長いこと待たされたのでは、楽しいわけがないですね）

これだけは覚えたい！このユニットのセンテンス　ベスト5　　TR 74

このユニットで扱う表現で、ぜひ覚えておきたい表現は以下のとおり。このまま使えるよう CD の音声の後に、声に出して繰り返してみよう。

1　共感を示す

- **You must be tired of waiting. But, ...**
  （待ちくたびれていらっしゃったでしょう。でも……）

- **It's no fun having to wait around on such a hot day. However, ...**
  （こんな暑い日に待たされるなんて、楽しいわけはありませんね。でも……）

2　理由を説明する

- **Actually, there was a mistake.**
  （実は行き違いがありまして）

3　謝罪をする

- **I'm very sorry. There was an accident.**
  （本当に申し訳ありません。事故がありまして）

- **My apologies. I had a misunderstanding.**
  （申し訳ありません。勘違いをしていた点がありまして）

謝るだけでなく、説明責任を果たす

Q 下の赤い文字の部分はなぜまずいのでしょうか。

草刈：遅れて申し訳ございません。

ティエッツェ：2時からここで待っていたんですよ。待ち合わせ場所を間違えたかもしれないと、思ってしまいました。

草刈：申し訳ありません。コミュニケーションの行き違いがあったものですから。

ティエッツェ：ということは、他の場所で待ち合わせていたということですか。

草刈：いえ、いえ。場所は合っているんです。我々の間のコミュニケーションに行き違いがあったのです。本当に申し訳ございません。

ティエッツェ：では、時間をこれ以上無駄にするわけにはいかないですよね。4時に会議が始まることになっていますから。間に合うように行きましょう。

草刈：そうですね。本当にすみませんでした。

A

　100％自分に非があるわけではないにも関わらず、ひたすら謝るだけで、相手への共感や説明がなされていない点が問題。

　Part 3 の Unit 2 では「言い訳」と「説明」の違いを説明した。そこでは、日本人からすると言い訳のように思える部下の言動が、実は説明責任を果たそうとしていたということを学んだ。では立場が逆になったら、どうなるだろう。会話例では、待ち合わせに遅刻した草刈が一方的に I'm sorry を繰り返しているが、ここでも要求されるのは説明責任だ。

Part 4 社外の人たちとの会話 >>> Unit 4 謝罪の際も説明責任を果たそう

異文化対応ポイント

1. 謝るだけでなく、きちんと説明をする
2. 共感と謝罪の表現を使い分ける

英語ではこんな表現を使っています！

Kusakari: I'm sorry to be late.

Tietze: I've been waiting here since two o'clock. I was wondering if I was waiting in the wrong place.

Kusakari: I'm so sorry. It's just a miscommunication.

Tietze: You mean I should have been somewhere else?

Kusakari: No, no, no. You are in the right place. It's a miscommunication among us. I'm very sorry about it.

Tietze: Well, we shouldn't waste our time anymore, should we? Our meeting is scheduled for four. Let's try to make it.

Kusakari: Right. I'm so sorry about that.

注　be wondering if…: ……かどうか不思議に思う／自信がない　in the wrong place: 間違えた場所　make it: 間に合わせる

　相手は長時間待たされていたので、いい気分ではない。そこで、まずは相手に共感を示すことが必要になる。日本語では、相手に嫌な思いをさせてしまったときは、とにかく「謝る」ことが最も効果的であると考えられているが、英語では相手の気持ちへの共感がより重要だ。

　そして、そのうえで説明をする必要がある。説明は決して「言い訳」ではない。「コミュニケーションに行き違いがあった」というだけで終わりにせず、どんな行き違いがあったのか、責任を持って説明するべきなのだ。

まずは相手に共感する

Q 下の赤い文字の部分はなぜ見習うべきなのでしょうか。 ◎ TR 75/76

Kusakari: Ms. Tietze. You must be tired of waiting here. It's no fun having to wait in an unknown city for such a long time.

Tietze: I've been waiting here since two o'clock. I was wondering if I was waiting in the wrong place.

Kusakari: No, you are in the right place, but there was a mistake. Actually, I was here at one o'clock and waited for you for almost an hour.

Tietze: One o'clock? Didn't you get my request to change our meeting time?

Kusakari: Did you send the e-mail from a different e-mail account?

Tietze: Yes, I did because my company e-mail system was very slow.

Kusakari: Unfortunately the e-mail got sorted into my junk mail folder. I found it after I got back to the office.

A

まずは相手に共感を示したうえで、状況をきちんと説明している点がよい。

感情を害しているときには、いくら状況を説明しようとしても、話をあまり聞いてもらえないものだ。だからといって、自分が100％悪いわけではないのに謝罪し続けるのは避けたい。自分の落ち度だと認めることなく、感情を害した相手に対応するには、最初に共感を示すことが大切だ。You must be disappointed.（きっと失望していらっしゃるでしょうね）、This must be inconvenient for you.（ご不自由な思いをされたのですね）といった表現を

異文化対応ポイント

1. 謝るだけでなく、きちんと説明をする
2. 共感と謝罪の表現を使い分ける

日本語訳はこうなります！

草刈：ティエッツェさん、**待ちくたびれていらっしゃったでしょう。こんな見ず知らずの街で、長いこと待たされたのでは、楽しいわけがない**ですね。

ティエッツェ：2時から待っていたんですよ。待ち合わせ場所を間違えたかもしれないと、思ってしまいました。

草刈：**場所は合っているんです。でも、ちょっとした行き違いがありました。実は私は、1時にここに来て1時間ほどあなたを待っていたのです。**

ティエッツェ：1時ですって？ 待ち合わせ時間の変更のお願いは、届いていなかったのですか。

草刈：違うメールアカウントからメールを送りませんでしたか。

ティエッツェ：ええ、そうしました。会社のメールシステムが遅かったので。

草刈：**不幸なことに、そのメールはジャンクメール用フォルダーの中に区分けされてしまっていました。オフィスに戻ってから、メールを発見したのです。**

使って、相手の状況を理解し、共感していることを示そう。

多くの場合、ここで相手の感情はある程度鎮まるはずだ。この手順を踏んだうえで、状況をきちんと説明することが大切だ。It was a miscommunication.（コミュニケーションに行き違いがあったのです）だけで終わりにせず、十分に説明をしよう。もちろん、こちらが100％悪いという場合には、しっかり謝る必要はある。その場合でも、謝罪したら終わりではなく、十分に説明をすることが大切だ。

実践練習

◎ TR 77

社外の人たちとの会話ですぐに使える、謝罪や共感の表現の練習をしてみよう。CDの音声には赤字部分の後に短いポーズが入っているので、後について、リピートしてほしい。🗨 マークの部分は最後の練習問題でもう一度復習しよう。

1 共感を示す

Ann: I've been waiting here since two o'clock. I was wondering if I was waiting in the wrong place.

🗨 **You:** You must be tired of waiting. But, ...   ≫ビート板①

アン：2時から待っていたんですよ。待ち合わせ場所を間違えたかもしれないと、思ってしまいました。
あなた：待ちくたびれていらっしゃったでしょう。でも……

You: It's no fun having to wait around on such a hot day. However, ...

あなた：こんな暑い日に待たされるなんて、楽しいわけはありませんね。でも……

相手の不快感を代弁するような表現、たとえば、tired（疲れた）、disappointed（失望した）、no fun（面白くもない）、frustrated（イライラする）、inconvenient（不自由な思いをする）、uncomfortable（愉快でない）などは覚えておこう。日本人の感覚では、Sorry to be late, but ... のように会話を始めたいところだが、100％こちらに非がないのであれば、その言い方は極力避けたほうがよいだろう。

Part 4 社外の人たちとの会話 >>> Unit 4 謝罪の際も説明責任を果たそう

2 理由を説明する

Ann: Have I been waiting in the wrong place?
You: No, actually there was a mistake. 　　　　>>>ビート板②
アン：待ち合わせ場所を間違えましたか。
あなた：いいえ、実はちょっとした行き違いがありまして。

You: No, actually it was a miscommunication between us.
あなた：いえ、実は私たちの間にコミュニケーションの行き違いがありまして。

You: No, but it seems like our communication didn't go very well. There has been a misunderstanding.
あなた：いえ、でも、どうやら私たちのコミュニケーションがあまりうまく行っていなかったようで、誤解があったのです。

日本人には、このような表現はみっともないただの言い訳のように聞こえるかもしれない。だが、英語のコミュニケーションでは「説明責任」を果たす行為だ。きちんと説明をしなければ、無責任だと思われかねない。不都合なことが起こったときに平謝りをするというのは、日本人の間だけでしか通用しないルールだと思ったほうがいいだろう。

3 謝罪をする

Kate: Where have you been?
You: I'm very sorry. There was a mistake.
ケイト：どこに行っていたのですか。
あなた：本当に申し訳ありません。ちょっとした行き違いがありまして。

You: I apologize for being late. It was such a disaster.
あなた：遅れてしまって、すみません。大変な災難に遭いまして。

You: My apologies. We had a misunderstanding.
あなた：申し訳ありません。勘違いをしていた点がありまして。 >>>ビート板③

> 平謝りは不適切ではあるが、自分に全面的に非がある場合には潔く認めた上で、説明責任を果たすのがよい。その際の謝罪の表現としては、I am sorry、I apologize、My apologies などで始めるパターンがある。

Part 4 社外の人たちとの会話 >>> Unit 4 謝罪の際も説明責任を果たそう

書き込み式　ビジネス英語のビート板

この Unit で学んだことは、いわば水泳のビート板。ほんの少しだけビート板に頼りつつも、自分の力でビジネス英語の海を泳いでみよう。まず、本書で覚えた表現を下線部に書き入れて、記憶を定着させよう。それができるようになったら、自分ならどう言うか、本文を参考にして、自分なりの表現を書き出してみるとよいだろう。

ビート板 ① 共感を示す

Ann: I've been waiting here since two o'clock. I was wondering if I was waiting in the wrong place.

あなた：待ちくたびれていらっしゃったでしょう。でも……

ビート板 ② 理由を説明する

Ann: Have I been waiting in the wrong place?

あなた：いいえ、実はちょっとした行き違いがありまして。

ビート板 ③ 謝罪をする

Kate: Where have you been?

あなた：申し訳ありません。勘違いをしていた点がありまして。

Part 4 社外の人たちとの会話

Unit 5 上手に会議を終わらせよう

ユニットの狙い 1　グローバルマインドセット

" **会議終了のための「形」を意識する** "

日本のように参加者の沈黙が会議終了の合図になることはない。「全体評価」「次のステップ」「クロージング」の3つの項目を伝えて会議を終了させよう。

ユニットの狙い 2　発信力

" **気持ちのいい終わり方を演出する** "

人間関係を深め、次につながる終わり方を心がけよう。

Thank you very much for your time… (沈黙)
(お時間を取っていただき、ありがとうございました)

好印象

I understand the strength of your idea. It'll take a couple of days for us to inform you of our final decision. I appreciate your coming all this way for this meeting.
(御社のアイデアの強みが理解できました。我々の意思決定をお伝えするのに数日かかると思います。会議のため、遠方からお運びいただきありがとうございました)

これだけは覚えたい！このユニットのセンテンス ベスト5　◎ TR 78

このユニットで扱う表現で、ぜひ覚えておきたい表現は以下のとおり。このまま使えるよう CD の音声の後に、声に出して繰り返してみよう。

1 会議全体を評価する

- **I understand the strength of your action plans.**
  (御社のアクションプランの長所がわかりました)

- **We've had a very valuable discussion.**
  (とても価値のあるディスカッションができましたね)

2 次のステップを示す

- **I'll contact you if I need any help.**
  (助けが必要なときは連絡します)

- **It will take a couple of days for us to inform you of our final decision.**
  (私たちの最終的な決定をお知らせするのに数日かかります)

3 クロージングをする

- **I appreciate your coming all this way for this meeting.**
  (この会議のために遠方からお運びいただき、ありがとうございました)

沈黙は会議終了の合図にならない

Q 下の赤い文字の部分はなぜまずいのでしょうか。

中沢：プレゼンテーションをありがとうございます。とても興味深いものでした（2秒間の沈黙）。

ロハス：ええと、互いに協力し合うことで、この事業における私たち双方の競争力が高まると思います。

中沢：ええ、あなたのアイデアを伺っていると、我々も常識の枠にとらわれない考え方をしなければならなくなります。この件は、部内で検討する必要があります（1.5秒間の沈黙）。お時間を取っていただき、ありがとうございました（2秒間の沈黙）。

ロハス：マネージャーの皆さんも、ベトナム、ラオス、カンボジアの私たちのネットワークを使うというアイデアを買ってくれると思います。

中沢：ええ、それがカギになると思います。御社のネットワークに頼ることで生じる可能性があるリスクについても、我が社としては考える必要があります（1秒間の沈黙）。遠くからお運びいただき、ありがとうございました（2秒間の沈黙）。

A

沈黙で会議を終わらせる合図を出している点がまずい。

日本語の会話では、少し長めの沈黙を繰り返しながら会話が終わっていくという現象がよく見られる。「ご理解いただけたと思います」（沈黙3秒）、「こちらで十分に検討させていただきます」（沈黙4秒）、「何かご質問があればいつでもご連絡ください」（沈黙3秒）のような終わり方だ。

だが、英語の会議では、このような終わり方はしない。2秒以上の沈黙を気まずいと感じる文化だからである。一方が2秒以上黙ると、必ずもう一方

Part 4 社外の人たちとの会話 ≫ Unit 5 上手に会議を終わらせよう

異文化対応ポイント

1. 会議終了のための「形」を意識する
2. 気持ちのいい終わり方を演出する

英語ではこんな表現を使っています！

Nakazawa: Thank you for your presentation. It was very interesting.（2秒間の沈黙）

Rojas: Well, I think our collaboration would enhance our competitiveness in this business.

Nakazawa: Yes. Your idea requires us to think outside the box. I'll need to discuss it within our division.（1.5秒間の沈黙）Thank you very much for your time.（2秒間の沈黙）

Rojas: I'm convinced that the managers will like our idea of using our network in Vietnam, Laos and Cambodia.

Nakazawa: Yes, I think that is the key. We'll need to consider any potential risks of relying on your network.（1秒間の沈黙）Thank you for coming all this way to see us.（2秒間の沈黙）

注 collaboration: 協力　enhance our competitiveness: 我々の競争力を高める　think outside the box: 従来の枠にとらわれない考え方をする

が何か発言をすることになる。日本的な発想に基づいて、沈黙で終了の合図を送っても、会話が延々と続き、会議は終わらない。

　会議を終わらせるには、まずは全体を評価する発言できっかけを作ろう。We've had a very good discussion.（とても実りのある議論ができました）、Your presentation was very clear.（とてもわかりやすいプレゼンでした）といった発言が効果的だ。その後に続けるべき表現については、次ページを参考にしてほしい。

209

次のステップを示し、クロージングをする

Q 下の赤い文字の部分はなぜ見習うべきなのでしょうか。　◎ TR 79/80

Nakazawa: Thank you for your presentation. I understand the strength of your ideas.

Rojas: Is there anything that you want me to clarify?

Nakazawa: Well, I've already asked a lot of questions and your presentation was clear. Now I need to report your proposal to the senior management and get their response.

Rojas: If you want I could always come and make a presentation to the management, too.

Nakazawa: Thank you. I'll contact you if I need your help. I think we've had a valuable discussion. It'll take a couple of days for us to inform you of our final decision. I appreciate your coming all this way for this meeting.

Rojas: It was my pleasure. Let me know if there's anything I can do for you.

A

　会議終了のための3項目、「会議全体の評価」「次のステップ」「クロージング」を伝え、気持ちのいい終わり方をしている点がよい。

　前ページで解説したように、まずは会議全体を評価する発言をしている（赤字部分の第1文）。ここでは、その後に2項目を押さえているが、実際には「次のステップ」が「クロージング」を兼ねることも多い。

　「次のステップ」に関して注意すべきことは、日本企業と外国企業との意思決定プロセスの違いだ。稟議書などに代表されるように日本企業では、関係

Part 4 社外の人たちとの会話 >>> Unit 5 上手に会議を終わらせよう

異文化対応ポイント
1. 会議終了のための「形」を意識する
2. 気持ちのいい終わり方を演出する

日本語訳はこうなります！

中沢：プレゼンテーションをありがとうございます。御社のアイデアの強みが理解できました。

ロハス：明確にしておきたい点などありますか。

中沢：ええと、すでにたくさんの質問をしましたし、あなたのプレゼンテーションはとてもわかりやすかったです。今度は、ご提案を重役に報告して、判断を仰ぐ必要があります。

ロハス：もしご希望であれば、重役の皆さんにもいつでも説明に伺います。

中沢：ありがとうございます。お手伝い願いたいときは連絡を差し上げます。**私たちは価値のある話し合いができたと思います。私たちの最終決定をお伝えするのには数日かかります。この会議のために遠方からお運びいただき、ありがとうございました。**

ロハス：どういたしまして。何か私のできることがありましたら、ご連絡ください。

注 appreciate: 感謝する

部署の同意をすべて集め、そこで初めて会社としての意思決定がなされる場合が多い。一方、外国企業では、管理職がかなり高いレベルの意思決定まで任されている場合が少なくない。会議参加者の職位と案件の大きさによっては、相手はその場で意思決定がなされるものと思っていることもある。だから、その場で決定できない場合は、持ち帰って組織内の合議により意思決定を仰ぐ必要があることを、明確に伝える必要がある。

実践練習　　　TR 81

社外の人たちとの会話ですぐに使える、会議にかかわる表現の練習をしてみよう。CDの音声には赤字部分の後に短いポーズが入っているので、後について、リピートしてほしい。マークの部分は最後の練習問題でもう一度復習しよう。

1 会議全体を評価する

I understand the strength of your action plans.
御社のアクションプランの長所がわかりました。　　　≫ビート板①

We've had a very valuable discussion.
とても価値のあるディスカッションができましたね。

Your presentation was very listener-friendly.
あなたのプレゼンはとても聞きやすかったですよ。

何かを評価する際、good や nice はとても使いやすく、なじみのある表現だ。けれども、あまり多用すると、どこか素っ気ない印象を与えてしまう可能性がある。それゆえ、会議を具体的に評価するための言葉をあらかじめ用意しておくといいだろう。valuable（価値がある）、fruitful（実りのある）、brilliant（優れた）などの全体を肯定的に評価する表現や、listener-friendly（聞きやすい）、understandable（わかりやすい）、clear（明確な）など、相手の発言の一部を褒める具体的な表現を使い分けよう。

2 次のステップを示す

I'll contact you if I need any help.
あなたの助けが必要なときは連絡します。

🍃 It'll take a couple of days for us to inform you of our final decision.
>>>ビート板②

私たちの最終的な決定をお知らせするのには数日かかります。

I'll contact you as soon as I get management's response.
経営陣の判断が得られたらすぐ連絡します。

意思決定について前向きであるということを示すのに効果的なのが、助動詞のwillだ。willは、未来を表す助動詞としておなじみだが、「強い意志」も表す。意志が加わる分、must（……にちがいない）よりも前向きさが強まる。意思決定に限らず、「ある物事に対して自分は前向きである」ということ示すときに使うと効果的。また、過去形のwouldは、willよりも柔らかく、穏やかに意思を伝えるのに便利だ。

3 クロージングをする

Thank you for sharing your ideas with us today.
今日はご意見を披露してくださり、ありがとうございました。　　　≫≫ビート板③

Thank you for your brilliant presentation.
すばらしいプレゼンテーションを、どうもありがとう。

I appreciate your coming all this way for this meeting.
この会議のために遠方からお運びいただき、ありがとうございました。

会議を終了させる際、突然終わってしまったと参加者に感じさせるようでは、今後の人間関係にも響く。せっかくまとまりかけていた交渉が決裂してしまうこともあり得る。そこで、会議自体はここで終了になるが、これを基にして、我々は今後その先のステップに進む、ということを暗示するような表現が効果的だ。それゆえ、**2** の「次のステップを示す」表現がクロージングを兼ねることも多い。クロージングの言葉を付け加える場合は、上記の例のように相手に対する感謝で終わらせるのがよいだろう。

書き込み式　ビジネス英語のビート板

この Unit で学んだことは、いわば水泳のビート板。ほんの少しだけビート板に頼りつつも、自分の力でビジネス英語の海を泳いでみよう。まず、本書で覚えた表現を下線部に書き入れて、記憶を定着させよう。それができるようになったら、自分ならどう言うか、本文を参考にして、自分なりの表現を書き出してみるとよいだろう。

ビート板 ① 会議全体を評価する

御社のアクションプランの長所がわかりました。

ビート板 ② 次のステップを示す

私たちの最終的な決定をお知らせするのには数日かかります。

ビート板 ③ クロージングをする

今日はご意見を披露してくださり、ありがとうございました。

著者プロフィール

田中宏昌（たなか　ひろまさ）
明星大学教授。専門分野はビジネス社会における英語でのコミュニケーションの研究。1999年から2001年までNHK教育テレビ『英語ビジネスワールド』の講師。国内外の企業や団体で研修プログラム開発のコンサルティングを実施。著書に『英語で電話をかける』（講談社インターナショナル）、『ビジネス英語　THE WORD 3000』（共著、研樹）、など多数。

佐藤洋一（さとう　よういち）
明星大学非常勤講師、大学書林国際語学アカデミー講師。国内のさまざまな企業で語学研修、異文化理解セミナーなどに携わる。現在、東京大学大学院総合文化研究科博士後期課程に在籍。研究テーマは日本企業の英語公用語化と、ビジネス上の英語使用について。

参考文献

Angouri, Jo 2010. I am the only native speaker in the room and nobody understands me' Native-non native interaction in English in the corporate multinational workplace. Paper presented at the 10th International Conference, the European Society for the Study of English. University of Turin.
Bargiela-Chiappini, Francesca 2006. (Whose) English(es) for Asian Business Discourse(s)?. *Asian Business Discourse(s) Part II, Special Issue of Journal of Asian Pacific Communication*, 16/1, 123.
Bargiela-Chiappini, Francesca 2009. *The handbook of business discourse*. Edinburgh: Edinburgh University Press.
Firth, Alan 2009. The lingua franca fact. *Intercultural Pragmatics*, 6, 147–170.
Handford, Michael 2010. *The language of business meetings*. Cambridge: Cambridge University Press.
Poncini, Gina 2004. *Discursive strategies in multicultural business meetings*. Bern: Peter Lang.
Tanaka, Hiromasa 2011. Politeness in a Japanese intra-organizational meeting: Honorifics and socio-dialectal code switching. *Journal of Pacific Asian Communication*, 20/2, 60-76.

グローバルビジネス英会話
Basic

2011年10月20日　初版発行
著者：田中宏昌／佐藤洋一
編集：新規事業開発室
編集協力：石渡淳元
英文校正：Peter Branscombe／Joel Weinberg
アートディレクション　デザイン：大村麻紀子
ナレーション：Carolyn Miller／Iain Gibb
録音・編集：千野幸男（有限会社ログスタジオ）
CDプレス：株式会社ソニー・ミュージックコミュニケーションズ
DTP：株式会社秀文社
印刷・製本：図書印刷株式会社
発行者：平本照麿
発行所：株式会社アルク
〒168-8611 東京都杉並区永福2-54-12
TEL: 03-3327-1101　FAX: 03-3327-1300
Email: csss@alc.co.jp　Website http://www.alc.co.jp/

© Hiromasa Tanaka／Yoichi Sato 2011
Printed in Japan
PC: 7011091
ISBN: 978-4-7574-2028-1

・落丁本、乱丁本、CDに不具合が発生した場合は、弊社にてお取り替えいたしております。弊社カスタマーサービス部（電話：03-3327-1101　受付時間：平日9時～17時）までご相談ください。
・本書の全部または一部の無断転載を禁じます。
・著作権法上で認められた場合を除いて、本書からのコピーを禁じます。

地球人ネットワークを創る
アルクのシンボル「地球人マーク」です。